KAREN M. HAMAKER-ZONDAG

Solare

Standardwerke der Astrologie

KAREN M. HAMAKER-ZONDAG

Solare

Die Deutung von Jahreshoroskopen

Aus dem Niederländischen
von Christine Ruf
und Brigitte Talke

CHIRON VERLAG

Deutsche Erstauusgabe
Aus dem Niederländischen von Christine Ruf und Brigitte Talke

Umschlag: Walter Schneider
Umschlagmotiv: Astrofoto
Druck: Offizin Chr. Scheufele, Stuttgart

Zu beziehen über den Buchhandel oder direkt beim
Chiron Verlag, Postfach 1250, D-72002 Tübingen
www. chironverlag.com

ISBN 3-89997-100-0

Inhalt

Theorie und Hintergrund der Sonnenwiederkehr 7

Welcher Ort? 8

Welcher Tierkreis? 9

Wie lange ist ein Solar gültig? 10

Ereignisse oder Gefühle? 11

Die Rolle des Geburtshoroskops 13

Zyklen 16

Ansatz zur Deutung des Solars 24

Wiederholungen 25

Elemente und Kreuze 25

Häuser und Häuserdreiecke 26

Häuser und Kreuze 26

Die Kreuze 31

Der Vergleich mit dem Geburtshoroskop 35

Über Planeten in den Solarhäusern 38

Sonne 39

Mond 40

Merkur 41

Venus 43

Mars 45

Jupiter 46

Saturn 48

Die transsaturnalen Planeten: Uranus, Neptun und Pluto 50

Uranus 51

Neptun 53

Pluto 54

Horoskopbeispiele 57

Aspekte im Solar 67
Die Ausgänge 68
Aspekte zwischen Solarplaneten 71
Gelenke, Ziegelsteine und Bürokratie 73
Ähnlich, aber niemals gleich 78

Yodfiguren und unaspektierte Planeten 79
Das Yod 80
»Suchen Sie sich das passende Handwerkszeug!« 80
Die undichte Stelle finden 81
Verfügbare Energie 82
Erleichterung 83
Der unaspektierte Planet 83
Duett 84
»Was machst du mit meinem Inhalt?« 84
Aus dem Spiel bleiben oder außer Atem geraten 85
Ein Beispiel 85

Literatur 111

Theorie und Hintergrund der Sonnenwiederkehr

Die Sonne durchläuft in einem Jahr den gesamten Tierkreis. Jedes Jahr steht sie an oder um Ihren Geburtstag an dem Ort, wo sie auch in Ihrem Geburtshoroskop steht. Ein Solar ist ein Horoskop des exakten Augenblicks, an dem die Sonne wieder auf diesen »Geburtsort« zu stehen kommt.

Die Berechnung eines Solars klingt recht schwierig, denn wir müssen nicht nur auf die Gradzahl achten, sondern auch Bogenminuten und -sekunden in die Berechnung einbeziehen. Wenn wir den genauen Augenblick kennen, an dem die Sonne wieder an ihrem eigenen Platz steht, können wir für diesen Augenblick ein Horoskop berechnen. Natürlich muss die Geburtszeit sehr zuverlässig sein. Wenn die Uhrzeit um 20 bis 25 Minuten schwankt, kann das schon einen Unterschied von einer Bogenminute für die Geburtsposition der Sonne bedeuten, was für ein Solar große Folgen hat: Das MC des Solars kann dann schon um ungefähr 4° abweichen. Und wenn wir noch einen schnell laufenden Aszendenten zu diesem MC haben, können die Folgen sogar enorm sein.

Da sich das so schwierig anhört, geben Astrologen international computerberechneten Horoskopen den Vorzug, was auch wir hier tun werden.

Ein Solar lässt sich übrigens sehr gut von Hand berechnen, und für diejenigen, die das gerne machen möchten, verweise ich auf das Buch von Ineke Bergman *»Het Solaren Werkboek«*.

Welcher Ort?

Die Diskussion der Frage, welchen Ort man für die Berechnung eines Solars nimmt, ist noch nicht abgeschlossen. Eine Reihe von Astrologen (allerdings die Minderheit) setzt immer den Geburtsort ein, einerlei wo auch immer auf der Welt sich jemand befindet.

March und McEvers meinen, dass man den Ort wählen sollte, an dem man zu dieser Zeit auch tatsächlich wohnt, also den Ort, den man als sein Zuhause ansieht. Auch ungeachtet der Frage, wo man sich während der Sonnenwiederkehr tatsächlich aufhält. Aber die Mehrzahl der Astrologen, die mit Solaren arbeiten, gehen von dem Ort aus, an dem man sich in dem Moment befindet, an dem die Sonne an ihre Geburtsposition zurückgekehrt ist. Das muss nicht immer Ihr Geburtstag sein. Es kann ebenso gut der Tag davor oder der Tag danach sein (denken Sie beispielsweise an die Schaltjahre). Berechnen Sie also vorab den Zeitpunkt, an dem das neue Solar beginnt, und notieren Sie den Ort, an dem Sie sich in diesem Augenblick befinden. (Im Flugzeug kann man die Stewardess bitten, herauszufinden, welche Koordinaten der Ort hat, den Sie in diesem Moment überfliegen!)

Meine Erfahrung ist, dass die Solare, die für den Ort erstellt sind, an dem man sich tatsächlich in dem Moment aufhält, wo die Sonne wieder exakt ihre eigene Geburtsposition einnimmt, die besten Informationen liefern. Es gibt Astrologen, die aus diesem Grund vorher herauszufinden suchen, welche Häuserpositionen der Planeten sie für das kommende Jahr am günstigsten halten, und dafür sorgen, dass sie zum entsprechenden Zeitpunkt, an dem das neue Solar beginnt, auch an diesem Ort der Welt sind, an dem sie die gewünschte Häuserverteilung erhalten. Abgesehen davon, dass dies eine kostspielige Angelegenheit sein kann, müssen wir uns immer vor Augen halten, dass das, was unser Geburtshoroskop und die entsprechenden Transite und Progressionen aussagen, nicht durch ein Solar zunichte gemacht werden kann. Die Probleme, die man möglicherweise im Zusammenhang mit einem Saturntransit durch das 6. Haus bekommt, schließt man nicht aus, indem man ein Solar »wählt«, bei dem Jupiter in dem Jahr ebenfalls im 6. Haus steht. Der Transit bleibt in jedem Fall immer wirksam.

Welcher Tierkreis?

In der Mitte des vorletzten Jahrhunderts wies Donald Bradley in seinem Buch über Solare nachdrücklich darauf hin, dass man für Solare nicht den »üblichen« Tierkreis benutzen sollte (den so genannten »tropischen«), sondern dass für diese Technik der siderische Tierkreis der richtige sei. Die Abweichung zwischen diesen beiden ist beträchtlich: Sie beträgt etwa 24°. Das heißt beispielsweise, dass meine Sonne, die auf 10° Schütze steht, im siderischen Tierkreis noch in Skorpion stünde. Obschon Bradley eine Reihe von Anhängern fand, wird in der ganzen Welt unser herkömmlicher Tierkreis, der tropische also, weitaus am häufigsten benutzt. Auch ich handhabe das so. Dass Bradley zeitweise recht großen Einfluss hatte, hängt auch damit zusammen, dass es zu dieser Zeit kaum irgendeine Veröffentlichung auf dem Gebiet der Solare gab und Bradleys Buch diese Lücke füllte.

Immer wieder tauchen Einzelgänger auf, die die Grundlage der Solare verändern wollen. Es gab beispielsweise Ideen über die Präzessions-Korrektur, über die Korrektur für Parallaxe und andere Vorstellungen, die sich aber niemals durchgesetzt haben.

Wenn wir uns ansehen, was international bei einem Solar meist zugrunde gelegt wird, dann ist das:

- der übliche tropische Tierkreis
- der Ort, an dem man sich zum Zeitpunkt des Übergangs befand
- Placidus-Häuser

Dies werden auch bei mir die Ausgangspunkte sein.

Wie lange ist ein Solar gültig?

Auch dies ist ein Streitpunkt. Streng gesehen, wirkt ein Solar von einer Sonnenwiederkehr bis zur nächsten Sonnenwiederkehr. In unserer Seele arbeitet aber nichts derart abrupt. Das würde nämlich bedeuten, dass um unseren Geburtstag plötzlich alles anders wird, wir die Dinge anders betrachten, und das ist in der Praxis selten oder nie der Fall. Oft sieht man Dinge schon lange vorher auf sich zukommen, also bevor sie tatsächlich geschehen. Man wächst in bestimmte Dinge oder Situationen hinein und manchmal geschieht auch etwas überraschend Unerwartetes.

In der Praxis mache ich die Erfahrung, dass Solare ineinander übergreifen, weshalb ich es schwierig finde, hierfür eine Zeitspanne festzusetzen. Andere Progressionsmethoden wie Transite und primäre und sekundäre Progressionen spielen ja zur gleichen Zeit ebenfalls eine Rolle und trüben möglicherweise den Blick für die Zeitspanne, in der sich die beiden Solare überschneiden.

Mary Shea arbeitet mit einer Überlappungsperiode von drei Monaten, was bedeutet, dass das neue Solar bereits drei Monate vor Exaktheit seine Wirkung spüren lässt und weitere drei Monate nach Ablauf des Jahres weiterwirken kann. Ihr ist aufgefallen, dass sich oftmals genau drei Monate vor dem Geburtstag Ereignisse zeigen, die unsere Aufmerksamkeit in Anspruch nehmen, wovon nicht wenige mit dem kommenden Solar zusammenhängen.

Das Problem mit ihrer Erfahrung ist, dass nicht jeder weiß, wo er oder sie sich zu Beginn des neuen Solars aufhält. Ist man viel unterwegs, zum Beispiel als Pilot, Geschäftsmann, Vertreter oder in einem ähnlichen Beruf, wird man selten im Voraus wissen, wo man sich zu Beginn des neuen Solarjahres gerade befindet. Für jemanden, der immer am gleichen Ort lebt und auch arbeitet, ist das natürlich vorhersehbar.

Dann kann man tatsächlich nur noch im Nachhinein bestimmen, ob das Ereignis oder auch mehrere, einige Monate vor dem Geburtstag, auch wirklich mit dem neuen Solar im Zusammenhang standen. Es schadet nichts, das einmal für ein paar Jahre zu beobachten. Ich selbst konnte allerdings hierzu keine eindeutigen Ergebnisse finden.

Mary Shea behauptet auch, dass der wichtigste Übergangsmonat vom alten zum neuen Solar der Monat ist, der vor dem Geburtstag liegt. Damit stimme ich überein. Sie sagt auch, dass Fragen, die im neuen Solar auftauchen, sich schon während des alten Solarjahres aufbauen und erst richtig ans Licht kommen, wenn das neue Solar beginnt. Dabei werden sich die wichtigsten Themen bereits gleich zu Anfang dieses neuen Solars zeigen, manchmal erlebte sie aber auch Ausnahmen.

Mit dieser Aussage habe ich meine Schwierigkeiten. Denn das würde ja bedeuten, dass sich die meisten »neuen Dinge« in den ersten Monaten nach unserem Geburtstag zeigen müssten, was meinen praktischen Erfahrungen widerspricht. Ich denke, dass auch hier sehr viel von den Progressionen und Transiten und von der Struktur des neuen Solars abhängt. Wenn das neue Solar eine Betonung der Eckhäuser aufweist und beispielsweise Uranus am Aszendenten steht, ist tatsächlich eine rasante Schnelligkeit zu erwarten. Solare mit einer Betonung des 12. Hauses deuten hingegen vor allem auf einen »Wartezimmer-Effekt« hin.

Ereignisse oder Gefühle?

Da ein Solar exakte Ereignisse anzeigen kann, denken manche Astrologen, dies sei ein Grund, auch für Solare die Regeln der Stundenastrologie anzuwenden. Die Regeln für die Stundenastrologie sind aber grundlegend anders als die der Geburtsastrologie und zudem grundsätzlich mehr »schwarz-weiß«, so dass es problematisch ist, sich dieser Regeln in Zusammenhang mit dem Solar zu bedienen. Hierzu sind sicher noch weitere Forschungen notwendig, denn es scheint so, als ob einige dieser Regeln tatsächlich funktionierten. Trotzdem müssen wir uns immer vor Augen halten, dass wir auch bei Solaren nur mit einer Handvoll Planeten, Zeichen und Häusern arbeiten und dass die Geschehnisse so unterschiedlich sind, dass ein Vorhersagen exakter Ereignisse immer schwierig bleibt. Viele Solare verraten uns allerdings die Wichtigkeit eines oder mehrerer Themen, deren Grundtendenzen im Lauf des betreffenden Jahres sicher spürbar werden. Bleiben Sie aber vorsichtig mit allzu speziellen Vorhersagen.

Ein Solar liefert uns gute Informationen über unsere Erlebens-, Erfahrungs- und Gedankenwelt, also eher auf psychologischer Ebene, was die Interpretation manchmal verwirrend erscheinen lässt. Beispielsweise ist man während eines Solarjahres arbeitsmäßig orientiert und damit beschäftigt, sich Gedanken über eine Bewerbung zu machen und sich zu überlegen, welcher Arbeit man nun gerne nachgehen würde, ohne dass man in diesem Jahr tatsächlich einen Arbeitsplatz einnimmt. Trotzdem kann in diesem Jahr das 6. Haus stark betont sein. Das Solar zeigt das Thema an, aber eine Betonung des 6. Hauses ist keine wasserdichte Garantie dafür, dass man auch Arbeit bekommt. Auch wenn ein Solar ein eigenes Horoskop für sich ist, ist es zusammen mit anderen Progressionen hervorragend zu gebrauchen. Steht bei den Progressionen ein bestimmtes Thema im Vordergrund, kann das Solar dieses Thema in mancherlei Hinsicht genauer aufzeigen, da wir uns hier auch die Planeten in den Häusern und die Verbindung zu den Häuserherrschern ansehen können.

Ein Beispiel: In Ihrem Geburtshoroskop steht der Transit-Pluto im Quadrat zu Ihrem Mond, was meistens mit dem Erleben und Verarbeiten von Gefühlen zu tun hat. Angenommen, Pluto steht im Solar für das entsprechende Jahr im 1. Haus. In dieser Stellung zeigt er vor allem persönliches Wachstum und möglicherweise eine Krise an, vielleicht einen körperlichen Rückschlag als Vorbote für mehr Einsicht und Stabilität in einem späteren Stadium. Steht Pluto aber zur Zeit des gleichen Transits in einem anderen Haus, beispielsweise im 3. Solarhaus, können die Gefühle ganz oder teilweise mit Angelegenheiten des 3. Hauses zusammenhängen, bei Individuen beispielsweise mit Geschwistern oder Nachbarn; wenn es sich um Dinge handelt, dann geht es um Unterricht, Verkehr usw. Mit anderen Worten: Die Stellung von Pluto im Solar kann Informationen über die genauere Auswirkung eines Transits oder einer Progression dieses Planeten geben.

Die Rolle des Geburtshoroskops

Ebenso wie Solare nicht aus sich selbst heraus wirken und im Licht anderer bedeutsamer Faktoren (den anderen Progressionen) betrachtet werden müssen, besteht auch ein deutlicher Zusammenhang mit dem Geburtshoroskop, den wir niemals vernachlässigen dürfen. March und McEvers gehen dabei so weit, dass sie in ihren Zeichnungen innen das Geburtshoroskop (in rot) und außen, um den Kreis herum, das Solar (in grün) darstellen. Obwohl es bei dieser Methode schwierig wird, Aspekte im Solar einzuzeichnen, erkennt man sehr deutlich die Beziehungen zum Geburtshoroskop. Beachten Sie bitte: Wenn die schnellen Planeten um ihren Geburtstag im Transit (also am Himmel) einen Aspekt zu Ihrem Geburtshoroskop bilden, bedeutet das, dass sie das ganze Solarjahr hindurch auf diese Weise mit ihrem Geburtshoroskop verbunden sind. Die Transite zur Zeit Ihres Geburtstages scheinen sich also ein Jahr lang in »erstarrter« Form zu zeigen und gewinnen dadurch an Kraft.

Beim Deuten von Solaren ist es auch wichtig, auf Wiederholungen aus dem Geburtshoroskop zu achten. Eine solche Wiederholung kann beispielsweise ein Planet sein, der in das gleiche Zeichen fällt wie im Geburtshoroskop, oder ein Aspekt zwischen zwei Planeten, die in Ihrem Geburtshoroskop ebenfalls durch einen Aspekt miteinander verbunden sind. Übrigens kann es sich dabei sogar um einen völlig anderen Aspekt handeln. Er muss nicht identisch sein, es geht vielmehr darum, dass zwei bereits verbundene Themen (Planeten) wieder aufs Neue eine Verbindung eingehen.

Manche Astrologen deuten einen Planeten in einem Solar doppelt, nämlich als Herrscher des Hauses, über das er im Solar herrscht, und als Herrscher des Hauses, über das er im Geburtshoroskop herrscht. Nehmen wir an, in Ihrem Geburtshoroskop steht Krebs an der Spitze des 5. Hauses. Der Mond als Herrscher von Krebs ist der Herrscher Ihres 5. Hauses. Wenn im Solar nun Krebs am Aszendenten steht, ist der Mond Herrscher von 1. Im Solar muss dann der Mond als Herrscher des 1. Hauses gedeutet werden. Es gibt aber eine wachsende Anzahl von Astrologen, die an dieser Mond-Position auch ablesen, was in Ihrem Radix mit dem 5. Haus passiert. Wenn Sie erst jetzt mit dem Deuten von Solaren beginnen, ist es vernünftiger, diese Deutungsmöglichkeit noch nicht anzuwenden. Die Wahrscheinlichkeit, dass man den Wald vor lauter Bäumen nicht mehr sieht, ist groß, und die Informationen, die man mit dieser Methode erhält, sind meiner Erfahrung nach nicht wichtig, sondern lediglich von ergänzendem Wert. Ich habe aber auch schon erlebt, dass ich auf diese Art und Weise keinerlei sinnvolle Information erhalten konnte.

Gut ist es allerdings, sich anzusehen, in welches Haus Ihres Geburtshoroskops der Aszendent des Solars fällt. Dieses Haus bekommt dann während des Solarjahres eine besondere Bedeutung. Die Betonung muss nicht immer stark in den Vordergrund treten, da es viele andere Solarfaktoren gibt, die ebenfalls eine besondere Betonung mit sich bringen. So kann der Aszendent des Solars in Ihr 1. Haus fallen und an sich auf das Bedürfnis hinweisen, sich zu zeigen und nach außen zu treten und die eigenen Anliegen in den Vordergrund zu stellen. Ist im Solar aber auch das 8. Haus betont, wird der Drang, sich zu zeigen, stark abgeschwächt.

Nun kann es sein, dass der Solar-Aszendent im Geburtshoroskop ganz knapp vor eine Häuserspitze fällt. Ein Beispiel: Der Solar-Aszendent steht auf 2° Zwillinge und das 11. Haus Ihres Geburtshoroskops beginnt bei 4° Zwillinge. Wenn die Differenz so gering ist (manche nehmen einen Orbis von 3°, andere bis zu 5°), wird der Solar-Aszendent dem folgenden Haus des Geburtshoroskops zugeordnet.

Es gibt auch eine – nicht überall gebräuchliche – Deutungsrichtung, bei der alle Häuserspitzen des Solars in das Geburtshoroskop übertragen werden und damit auch bestimmte Deutungen verbindet, eine Richtung, die vor allem in Frankreich durch Volguine vertreten wurde und die wir ausführlich in dem Buch *»De solaarhoroscoop«* von Tineke de Jonge beschrieben finden. Bei dieser Technik macht es zum Beispiel einen großen Unterschied, ob die Spitze des 6. Solarhauses ins 4. oder 5. Radix-Haus fällt. Das einzige Problem, das ich mit dieser Methode habe, ist, dass, wenn man eine Häuserverteilung hat, bei der das 8. Solar-Haus ins 4. Radix-Haus fällt, die Wahrscheinlichkeit groß ist, dass die Spitze des 9. Solarhauses ins 5. Radix-Haus fällt, die Spitze des 10. ins 6. Radix-Haus und so weiter. In der Deutungspraxis läuft das auf Folgendes hinaus:

Wir gehen davon aus, dass die Solarspitze von 8 in das 4. Haus des Geburtshoroskops fällt. Nach Volguine ist das »ein Jahr, in dem ein Familienmitglied stirbt oder man verliert oder verkauft Grundbesitz« (wenn es ums Deuten geht, ist Volguine eher ein Schwarzmaler). Tineke de Jong sieht das schon positiver: »Es besteht die Möglichkeit, Grundbesitz zu erben oder ein Darlehen oder eine Hypothek für dessen Kauf aufzunehmen.« (Dass so etwas geschehen kann, habe ich bei dieser Kombination tatsächlich schon erlebt).

Weil aber in dem Fall die Spitze des 9. Solarhauses aller Wahrscheinlichkeit nach in das 5. Radix-Haus fallen wird, kommt folgende Deutung hinzu: »Günstig für einen Wettstreit und Prüfungen, hohe Wahrscheinlichkeit für Reisen und Vergnügungsreisen« (Volguine). Oder: «Studieren, um Ihr Selbstvertrauen zu vergrößern und das Bedürfnis, als Autorität gesehen zu werden. Auch Reisen sind möglich, Sport, freudige Erlebnisse mit Kindern« (de Jonge). Wenn ich noch alle anderen Stellungen der Solarhäuser im Radix hinzunehme, erhalte ich eine große Anzahl an Möglichkeiten, die sich gemäß diesem System immer gemeinsam zeigen. Und mit diesem letzten Punkt habe ich Schwierigkeiten. Natürlich sind weitere Planetenstellungen und Häuserverbindungen im Solar von Einfluss auf die weitere Deutung dieser Häuserspitzen. Obwohl ich bei dieser Deutungsart tatsächlich eine Reihe schöner Beispiele sehen konnte, war eine beträchtliche Anzahl ohne jedes Ergebnis. Da ich nicht weiß, ob die Treffer dem Zufall zu verdanken sind, bin ich vorläufig lieber vorsichtig.

Zyklen

Das Medium Coeli

Viele Menschen, die mit Solaren arbeiten, betrachten sie für sich allein und beziehen höchstens das Geburtshoroskop mit ein. Nur wenige hingegen sehen sich die Muster an, die sich im Lauf eines Lebens in den Solaren selbst entfalten. Wenn Sie bei einem Solar von Ihrem Wohnort ausgehen und innerhalb gewisser Grenzen in der Nähe Ihres Geburtsortes bleiben (für uns bedeutet das innerhalb der Niederlande), dann sehen Sie, wie sich das MC in den aufeinander folgenden Solaren gemäß einem deutlich festen Rhythmus verschiebt: Jedes Jahr steht das MC des neuen Solars drei Zeichen weiter, mit einem gewissen Gradunterschied. Das MC beschreibt einen Zyklus von 33 Jahren, was bedeutet, dass die Solar-Häuserspitzen etwa im Alter von 33 Jahren ungefähr mit den Häuserspitzen im Radix übereinstimmen. »Ungefähr« bedeutet, dass hier durchaus ein Unterschied von 5° bis 7° gegeben sein kann, aber die Annäherung an das Radix ist sehr deutlich. Mary Shea beschreibt dies in ihrem Buch; sie ist eine der wenigen, die auf diesen Zyklus aufmerksam macht.

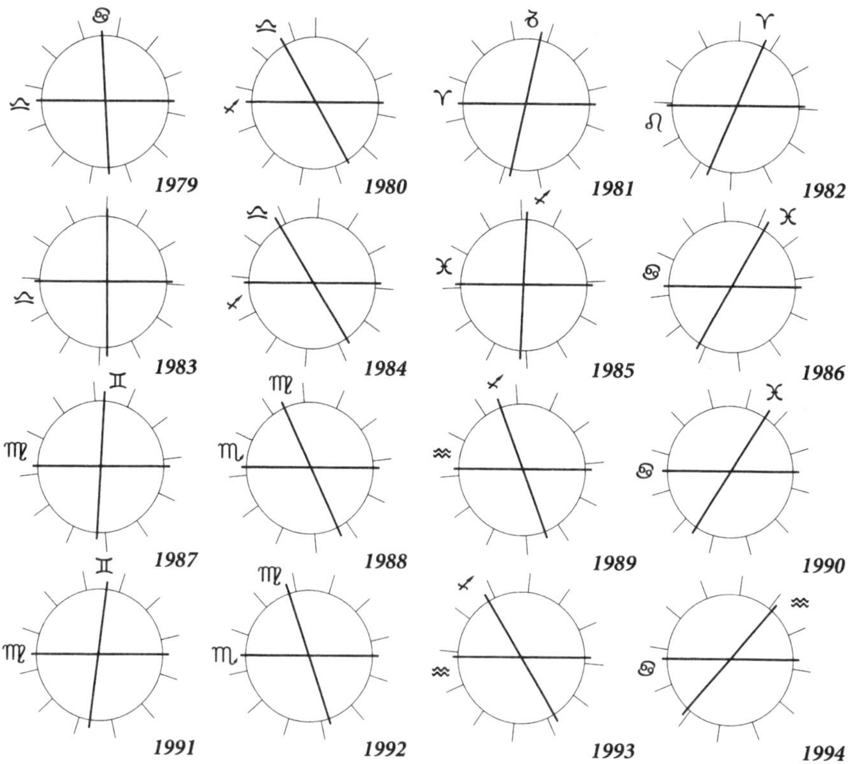

Abb. 1: Der Zyklus des MC hat nach 33 Jahren (1985) die ursprüngliche Verteilung des Geburtshoroskops ungefähr wieder erreicht.

Bis heute bin ich keiner tieferen Bedeutung dieser Betrachtungsweise begegnet, trotzdem ist sie sicher wert, darüber nachzudenken. Nehmen wir an, dass es tatsächlich eine tiefere Bedeutung für diese Vorgehensweise gibt (Zyklen sind nun mal oft sehr aufschlussreich), dann stellt sich die weitere Frage, was die Folgen für Sie selbst sind, für Ihre Entwicklung usw., wenn Sie konsequent versuchen, das »beste« Solar zu finden und dann an diesem oder jenem Ort der Welt Ihren Geburtstag feiern.

Dabei lassen wir erst einmal außer Acht, dass dies vor allem aus Angst vor bestimmten Planetenständen geschieht; denn jemand, der akzeptieren kann, dass das Leben nicht ohne Schattenseiten ist, wird vermutlich auch nicht genügend Geld erübrigen, um diese Schattenseiten auf ein anderes Lebensgebiet zu verschieben.

Das Muster der Sonne

Der Zyklus des MC bedeutet aber noch mehr. Da die Sonne hinsichtlich ihres Zeichens eine feste Position einnimmt, hat die Position des MC Folgen für das Haus, in das die Sonne fällt. Bei einem stabilen Zyklus des MC beschreibt auch die Sonne hinsichtlich der Häuser einen Zyklus und bildet ein Muster. Wenn man am Äquator wohnt, wo alle Häuser ungefähr gleich groß ausfallen, ergibt sich bei aufeinander folgenden Solaren folgendes Muster: Wenn die Sonne 1980 im 12. Haus steht, steht sie 1981 in 9, 1982 in 6, 1983 in 3, 1984 in 1, 1985 folgt das 10., 1986 ist das 7. Haus an der Reihe, 1988 das 4., 1989 wieder das 1., 1990 wieder das 10., 1991 wieder das 7., 1992 wieder das 4.; und der Zyklus durch die kardinalen Häuser kann noch eine Weile weitergehen, um dann in die festen Häuser zu wechseln. Theoretisch sind die Folgen enorm! Jemand, der mit der Sonne im 8. Haus geboren wurde, wird in den darauf folgenden Solaren die Sonne in einem festen Haus haben. Wenn die Sonne dann in einen anderen Kreuz-Zyklus wechselt, erkennt man, dass sich Bedürfnisse und Orientierungen ändern!

Die Niederlande liegen aber nicht auf dem Äquator, sondern auf einem höheren Breitengrad, wodurch die Häuser hinsichtlich ihrer Größe sehr unterschiedlich ausfallen können, was den Zyklus beeinflusst. Man sieht dann nicht mehr die reinen »Kreuz-Muster«. Allerdings entsteht ein individuelles Muster, das mindestens genauso wichtig ist. Wenn ich die obigen Jahreszahlen für meine eigenen Solare nehme, entfaltet sich für die Solar-Sonne folgendes Muster von Häuserpositionen (Abbildung 2):

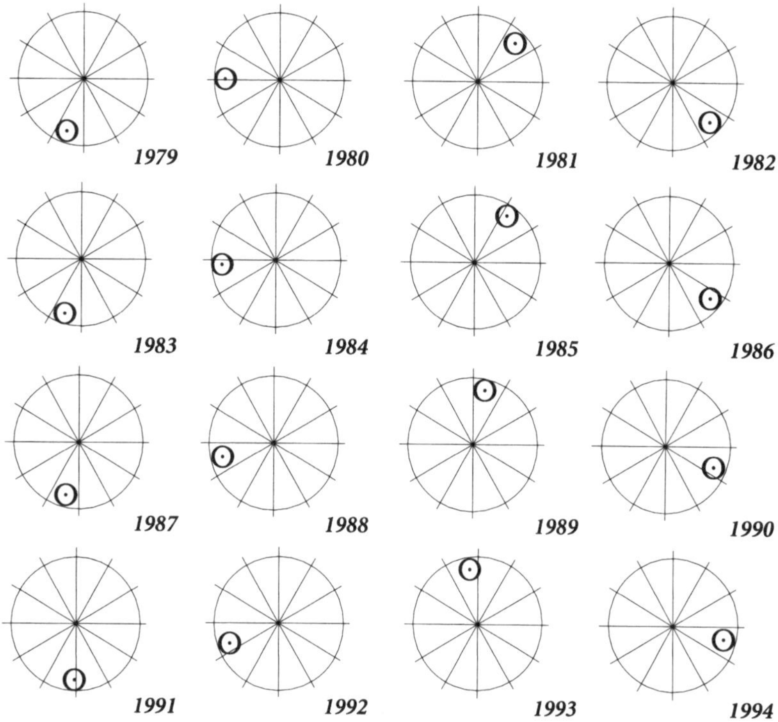

Abb. 2: Der Stand der Sonne in den Solarhäusern (Placidus Häusersystem, obwohl die Häuser gleich groß gezeichnet sind).

1979 in 3, 1980 in 12 (genau auf dem AC), 1981 in 8, 1982 in 5, 1983 in 3, 1984 in 1, 1985 in 8, 1986 in 5, 1987 in 3, 1988 in 1, 1989 in 9, 1990 in 6, 1991 in 3 (bereits auf der Spitze von 4) 1992 in 1.

Hier erkennt man unter anderem das Muster 8-5-3-1-8-5-3-1, das anschließend in 9-6-3-1 übergeht.

Wie schnell ein Zyklus in einen anderen wechselt, hängt stark mit der Ungleichheit der Häuser in unseren Breitengraden zusammen.

Ein weiteres Muster, das man nur bemerkt, wenn man entweder viele Jahre hintereinander Solare verglichen hat oder wenn man sie von Geburt an nacheinander anfertigt (wozu ich Ihnen rate!), ist das des Mondes. Legt man die Solare von zehn Jahren nebeneinander, sieht man Folgendes: Der Mond bewegt sich entgegen dem Uhrzeigersinn und wandert jedes Jahr ein Stückchen weiter, was aber immer auf ein oder zwei Häuser begrenzt bleibt. Nur im Einzelfall kann der Mond, als Folge der variablen Häusergrößen, auch im folgenden Jahr im gleichen Haus stehen. (Auch hier tritt das Häusermuster nur dann deutlich in Augenschein, wenn wir sehr dicht bei unserem Geburts- oder Wohnort bleiben. Die Niederlande und Belgien sind klein genug, um nur wenig oder keine Unterbrechung des Musters aufzuweisen – egal, wo man sich aufhält.)

Als Beispiel nenne ich nun die Häuserposition des Mondes für die oben genannten Solare: 1979 Mond in 8, 1980 in 10, 1981 in 11, 1982 in 12, 1983 in 2, 1984 in 3 (auf der Spitze von 4), 1985 in 5, 1986 in 6, 1987 in 8, 1988 in 10, 1989 in 12, 1990 in 12, 1991 in 2, 1992 in 4.

Manchmal werden Häuser auch überschlagen. Der Zyklus des Mondes durch die Solarhäuser umfasst etwa 8 Jahre, danach beginnt wieder eine neue Runde. Dabei erkennt man auch ein bestimmtes grobes Muster des Unterschieds der Grad-Zahlen, die der Mond zwischen zwei aufeinander folgenden Solaren einnimmt. Mary Shea benennt einen Unterschied von etwa 100°, die der Mond in einem Solarjahr zurücklegt, allerdings sind meine Erfahrungen andere. Es scheint große individuelle Unterschiede zu geben und mir sind Rhythmen aufgefallen, bei denen sich der Mond jedes Jahr ungefähr zwischen 125° und 140° weiterbewegte. Wichtig ist aber, dass es einen Rhythmus gibt.

[Übrigens ist das Bild, das Abbildung 3 zeigt, ein wenig unkorrekt, weil die Häuser alle gleich groß gezeichnet sind. Aber

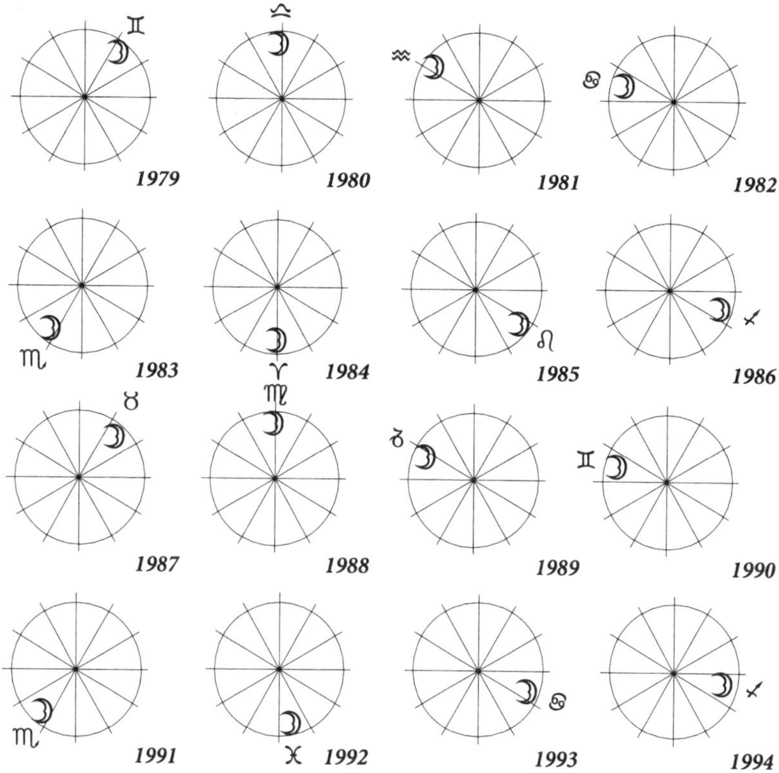

Abb. 3: Der Mond in den Solarhäusern (Häusersystem Placidus, obwohl die Häuser gleich groß gezeichnet sind). Nach etwa 8 Jahren hat der Mond eine »Häuserrunde« durchlaufen.

zu jeder folgenden Position im Tierkreis (100° bis 140° weiter) gehört natürlich auch eine neue Häuserverteilung. Siehe auch Abbildung 1.]

Die Bewegung des Mondes in aufeinander folgenden Jahren ist wichtig. Denn der Mond im Solar zeigt an, was uns in diesem Jahr gefühlsmäßig beschäftigen wird und wo Emotionen mit im Spiel sind. Er zeigt auch das Gebiet an, auf dem man gefühlsmäßig wachsen kann. Der Zyklus des Mondes folgt also grob der Reihenfolge der Häuser; und wenn man seinen aktuellen Solar-Mond kennt, weiß man, dass er im darauf folgenden Jahr ein, höchstens aber zwei Häuser weiter stehen wird. Was uns in diesem Jahr emotional beschäftigt, setzt sich in den kommenden Jahren fort. Die Häuser, in denen der Mond platziert ist, spielen dabei eine große Rolle, obwohl ich den Eindruck habe, dass, wenn ein bestimmtes Haus in diesem Zyklus überschlagen wird, die Nichtbeteiligung dieses Hauses in diesem Zyklus auch keine Bedeutung hat. Über dieses Thema sind in der Literatur bis jetzt noch keinerlei Aussagen zu finden.

Vergleichen wir die Bewegung des Mondes mit der Bewegung der Sonne, dann sehen wir, dass die Sonne immer durchschnittlich drei Häuser (abhängig vom Breitengrad) im Uhrzeigersinn weiterläuft, während der Mond in der Nähe seines vorhergehenden Hauses bleibt und sich gegen den Uhrzeigersinn weiterbewegt.

Sonnen- und Mondfinsternisse

Ein letzter wichtiger Zyklus bei Solaren ist der Saroszyklus. Stellt man die Mondpositionen aller Solare seines Leben nebeneinander, erkennt man, dass der Mond nach etwa 19 Jahren wieder die gleiche Position einnimmt. Der Eklipsenzyklus ist unlösbar mit dem Umlauf des *Drachenkopfs* und *Drachenschwanzes* verbunden; dieser Umlauf dauert grob gerechnet 19 Jahre. Hat man zu einem bestimmten Zeitpunkt ein Solar mit einer Sonnenfinsternis, besteht eine hohe Wahrscheinlichkeit, dass man nach etwa 19 Jahren wieder eine Finsternis im Solar hat. Bildet die Sonnenfinsternis einen großzügigen Orbis zum Drachenkopf, muss nach 19 Jahren keine Folgefinsternis auftreten. Wichtig ist jedoch der Zyklus von 19 Jahren.

Solare weisen eine Reihe von Zyklen auf:

1. einen 33-jährigen Zyklus für das MC und einen daran gekoppelten Zyklus der Sonne durch die Solarhäuser
2. einen achtjährigen Zyklus für den Mond durch die Solarhäuser
3. einen 19-jährigen Zyklus für den Mond hinsichtlich der Zeichen: den Eklipsenzyklus

Nun, da wir einen tieferen Einblick in das Solar bekommen haben und auch erkennen, dass viel mehr damit zusammenhängt, als weithin bekannt ist, werden wir im folgenden Kapitel eine Reihe erprobter Deutungsregeln für Solare unter die Lupe nehmen.

Ansatz zur Deutung des Solars

Hat man sein Solar selbst oder mithilfe des Computers berechnet, ist es verführerisch, sofort nach Aspekten zu suchen und Aussagen vorzunehmen. Häufig werden dabei auch Bücher zu Rate gezogen, die Aspektdeutungen für ein Geburtshoroskop enthalten. Natürlich können diese Deutungen Anknüpfungspunkte bieten, trotzdem besteht ein erheblicher Unterschied zwischen Aspekten in einem Solar und denen eines Geburtshoroskops. Und dafür gibt es zwei herausragende Gründe:

1. Das Geburtshoroskop spiegelt unseren Charakter, wobei die Aspekte Auskunft über Bedürfnis- und Reaktionsmuster geben, die zu unserem Wesen gehören. Ein Solar sagt nichts über unseren Charakter aus, höchstens über vorübergehende Angelegenheiten. Und damit kommen wir zum zweiten gravierenden Unterschied:

2. Ein Solar hat nur eine begrenzte Gültigkeitsdauer von ungefähr einem Jahr. Aspekte im Geburtshoroskop, die einen Teil unseres Charakters ausmachen, können im Lauf der Jahre heranreifen. Wir lernen sie kennen, lernen, damit zu arbeiten und sie zu entwickeln, und sie können letztendlich zu einem guten Instrumentarium werden. Für Aspekte in einem Solar gilt, dass ein Teil davon eben keine Widerspiegelung dessen ist, was in unserem Geburtshoroskop angelegt ist, und dass sie in einem Jahr wieder verschwunden sind. Viel Zeit zum Wachsen und Entwickeln ist hier also nicht gegeben.

Wiederholungen

Aspekte in einem Solar können Teil eines bestimmten Themas sein, das in diesem Solar nachdrücklich in den Vordergrund tritt. Achten Sie darauf, dass dieses Thema sich durchaus auch in den folgenden Solaren fortsetzen kann, dann aber durch andere Kombinationen angezeigt wird. Zum Beispiel: In einem Solar für ein bestimmtes Jahr steht Pluto im 3. Haus, das Solar für das darauf folgende Jahr zeigt eine Merkur/Pluto-Konjunktion in Skorpion und im Solar für das Jahr darauf steht der Herrscher des 3. Hauses in Konjunktion zu Pluto. Pluto kehrt also immer in Verbindung mit Merkur und dem 3. Haus-Thema wieder, allerdings immer in anderer Konstellation. Indem man auf diese Weise die Aspekte in ein größeres Ganzes einbezieht, besteht die Möglichkeit, die roten Fäden im eigenen Horoskop über mehrere Jahre hinweg zu entwirren.

Um noch eben auf die Neigung vieler Astrologieinteressierter zurückzukommen, die sofort die Aspekte untersuchen: Es ist besser, zunächst eine Reihe anderer Deutungsfaktoren anzuschauen, bevor man sich den Aspekten widmet. Denn manche Hintergründe sind so wichtig, dass sie Einfluss auf die Art und Weise nehmen, wie sich bestimmte Aspekte auswirken werden. Deshalb gehen wir jetzt zu einem systematischen Vorgehen bei der Deutung eines Solars über.

Elemente und Kreuze

»Kann man bei einem Solar eine normale Verteilung der Elemente und Kreuze vornehmen?«, ist eine häufig gestellte Frage. Denkt man dabei an die psychologische Deutung wie beim Geburtshoroskop, lautet die Antwort: Nein. Ein Solar gibt ja weder Informationen über Ihre Bewusstseinsfunktionen noch über angeborene Verarbeitungsmechanismen (die mit den Kreuzen zusammenhängen) oder andere Charakterzüge. Ein

Solar ist eine andere Art von Horoskop. Daher dürfen wir nicht die Kombination der Funktionslehre Jungs und der Elemente in der Solarastrologie anwenden und ebenso wenig die Kreuze als Verarbeitungsmechanismen behandeln. Die Elemente und Kreuze sind jedoch auf eine andere Art anwendbar, wobei die Häuser wichtiger sind als die Zeichen.

Häuser und Häuserdreiecke

In einem Solar spielen die Häuser eine maßgebende Rolle. Ebenso wie wir die Zeichen des Tierkreises den Elementen zuordnen können, ist das auch bei den Häusern möglich. Dabei schauen wir uns nicht das Zeichen an der Spitze eines Hauses an, sondern nur und ausschließlich die natürliche Übereinstimmung, die Zeichen und Haus besitzen. Also: Das 1. Haus korrespondiert mit dem Zeichen Widder und wird somit ein Feuerhaus genannt. Das 2. Haus stimmt mit dem Zeichen Stier überein und ist deshalb ein Erdehaus. Das 3. Haus besitzt eine Analogie zu Zwillinge und ist daher ein Lufthaus usw. So entsteht die folgende Verteilung:

Feuerhäuser:	1., 5. und 9. Haus
Erdehäuser:	2., 6. und 10. Haus
Lufthäuser:	3., 7. und 11. Haus
Wasserhäuser:	4., 8. und 12. Haus

Häuser und Kreuze

Auf die gleiche Weise können wir die Häuser nach Kreuzen einteilen. Wir kennen drei Kreuze: kardinal, fix (fest) und beweglich. Widder ist ein kardinales Zeichen, also ist das 1. Haus analog dazu ein kardinales Haus. Stier ist ein festes Zeichen, so dass das damit übereinstimmende 2. Haus ein festes Haus ist usw. Wir kommen dann zu folgender Verteilung:

Kardinale Häuser:	1., 4., 7. und 10. Haus
Feste Häuser:	2., 5., 8. und 11. Haus
Bewegliche Häuser:	3., 6., 9. und 12. Haus.

Überprüfen Sie, ob ein bestimmtes Haus oder bestimmte Häuser eines Häuserdreiecks (Elements) oder eines Kreuzes stark besetzt sind – d.h. ob darin viele Planeten stehen. Mit fünf oder mehr Planeten in den Häusern eines Elements und/oder eines Kreuzes wird dieses Element bzw. Kreuz eine große Rolle für die Umstände und Erfahrungen dieses Jahres spielen. Die Rolle dieses Elements oder Kreuzes wird umso größer sein, je höher die Anzahl der beteiligten persönlichen Planeten (Sonne, Mond, Merkur, Venus und Mars) ist.

Deutung bei fünf oder mehr Planeten in den Häusern eines Elements:

Betonung auf Feuer

In diesem Jahr liegt die Betonung auf Handeln, vor allem wenn viele persönliche Planeten für diese Betonung sorgen. Man hat das Bedürfnis, initiativ zu werden oder auf die sich ergebenden Möglichkeiten einzugehen. Man ist schnell zu begeistern und offen für Visionen und Ideale. Findet sich auch im Geburtshoroskop eine Feuerbetonung, geht man die Dinge möglicherweise etwas zu schnell an, schmiedet zu viele Pläne, verfolgt zu viele Ideale, oder das Element Feuer droht auf andere Art und Weise aus dem Ruder zu laufen.

Hat man eine starke Erdebetonung im Geburtshoroskop, kann ein feuerbetontes Solar völlig neue Erfahrungen für uns bereithalten und uns helfen, weniger auf Sicherheit zu bauen. Man ist offener für Herausforderungen und Neuerungen und auch eher in der Lage, Initiative und Aktion zu entwickeln, als man das normalerweise zulassen würde; man verhält sich auch weniger abwartend als vorher. Vor allen anderen Elementen verweist das Element Feuer auf ein Jahr, in dem Enthusiasmus und Kreativität eine Rolle spielen dürften.

Betonung auf Erde

In diesem Jahr möchte man all den Dingen, die einem im Kopf herumschwirren, eine Form geben. Die Konkretisierung von Plänen, Ideen und Idealen steht somit im Vordergrund. In diesem Jahr befasst man sich auch wesentlich mehr als sonst mit seinen eigenen Wünschen und Bedürfnissen in Bezug auf ganz bestimmte konkrete Bereiche; das kann sich auf alles Greifbare beziehen, angefangen beim Hausrat und Einkommen bis hin zum Erfahren des eigenen Körpers. Für jemanden mit einer starken Erdebetonung im Geburtshoroskop beinhaltet das möglicherweise die Gefahr, zu sehr auf den Erhalt von Sicherheit ausgerichtet zu sein, wodurch neuen Möglichkeiten eher mit Misstrauen begegnet wird. Das Erde-Thema kann uns verstärkt dazu verleiten, die Dinge stets nur »in Ordnung halten« zu wollen, was auf Kosten von Neuerungen geht. Möglicherweise bedeutet es auch, dass man sich in einem solchen Jahr mehr um Schulden, Einkommen, Investitionen und ähnliche Dinge kümmert.

Mit einer Betonung des Feuerelements im Geburtshoroskop fühlt man sich in diesem Jahr eventuell gebremst, da vielfältige Verpflichtungen in der äußeren Realität auf einen zukommen, denen man sich nicht entziehen kann. Man ist auch sensibler in Bezug auf Bindungen und das Gefühl von Unfreiheit. Gleichzeitig wird man in diesem Jahr lernen können, besser mit Regelmäßigkeiten umzugehen, mit Routine und Pflichten. Und oft erlebt man, dass Menschen mit einer starken Feuer-Betonung im Horoskop im Laufe eines Solarjahres, in dem das Element Erde vorherrscht, ein stärkeres Bedürfnis nach einem festen Standort verspüren, beständiger werden und beispielsweise konkrete Veränderungen an ihrem Haus vornehmen wollen.

Ein Jahr, in dem ein starkes Bedürfnis nach Kontakten, Gedankenaustausch, dem Entdecken oder Aufschreiben von Ideen und dem Lernen oder Entwickeln von Theorien vorherrscht. Häufig finden wir auch ein (zeitlich begrenztes) Bedürfnis nach Objektivität und auch die Fähigkeit, Dinge in einem logischen und vernünftigen Zusammenhang zu sehen. Das muss nicht notwendigerweise damit einhergehen, eine Ausbildung zu machen, vielleicht ist es auch einfach ein Jahr, in dem man das eine oder andere ordnen und überdenken oder auch besprechen möchte. Auch auf logischer Basis fundierte Planungen kommen während eines Solars mit starker Luftbetonung vor. Für Menschen, in deren Geburtshoroskop bereits viel Luft vorhanden ist, entsteht das Risiko, dass Gefühle und Emotionen unterdrückt werden oder unbeachtet bleiben. Es scheint, als würden sie weniger Anteil nehmen als sonst, was einen etwas kühlen, distanzierten Eindruck vermitteln kann. Ich habe mehrfach erlebt, dass jemand mit einem luftbetonten Solar so viel Energie in Kontakte investierte – einfach weil sie ihm über den Weg liefen –, dass wenig Zeit für ruhiges Erleben, Kontemplation und Konzentration auf das Gefühl übrig blieb.

Für Menschen mit einer starken Betonung des Wasserelements im Geburtshoroskop kann dies ein Jahr sein, in dem sie in negativer Weise das Empfinden haben, weniger Zugang zu ihren Gefühlen zu haben. In positiver Hinsicht kann es sich um eine Periode handeln, in der sie spüren, dass sie die Dinge auch einmal aus einem anderen Blickwinkel betrachten können. Oftmals ermöglichen einem Gespräche und Kontakte mit verschiedenen Menschen, diesen anderen Blickwinkel, der mehr auf logischer Überlegung statt auf Gefühlen basiert, einzunehmen – zu erfahren und zu erleben. Man verspürt auch kontinuierlich ein größeres Bedürfnis nach Lernen, Lesen, Schreiben oder eine andere Art, seine Gedanken in Worte zu fassen.

Betonung auf Wasser

Das Jahr mit einer Wasserbetonung im Solar ist in vielen Fällen kein Jahr, in dem man im Außen sichtbar seinen Weg gestaltet, denn in dieser Zeit stehen Gefühle im Mittelpunkt. In positiver Hinsicht bezeichnet die Wasserbetonung die (weitere) Entwicklung von Gefühlen und Fähigkeiten, bei denen die eigenen Gefühle und deren Ausdruck im Mittelpunkt stehen. Ob es sich nun um Kunst handelt oder um die Rolle als Mutter oder Vater, mit der man nun besser zurechtkommt: Dieses Jahr ist hervorragend dazu geeignet, besser mit den eigenen Emotionen umgehen zu lernen und zu erfahren oder zu erkennen, was sich unter der Oberfläche in einem selbst und in anderen Menschen abspielt. Häufig entwickelt man das Bedürfnis, seine Gefühle kreativ zum Ausdruck zu bringen, beispielsweise durch Zeichnen, Schreiben, Sticken, Musik, Spiritualität usw. Die Wahrscheinlichkeit, mit unterdrückten Emotionen konfrontiert zu werden, ist in einem Solarjahr mit einer Betonung des Wasserelements tatsächlich größer als sonst. Möglicherweise löst das unbegründete Ängste aus oder geht mit einem verstärkten Bedürfnis einher, sich in die Angelegenheiten anderer Leute einzumischen, indem man sich Sorgen um sie macht. Auf diese Weise benutzt man sie als Projektionsfläche für eigene innere Gefühlsprobleme.

Wenn die Wasserbetonung im Geburtshoroskop sowieso schon sehr stark ist, kann dies ein Jahr werden, in dem man völlig in Gefühlen badet; Übertreibungen sind hier nur eine mögliche Gefahr. Fühlt man sich aber von Natur aus seinen Gefühlen gegenüber unwohl, kann man in dem Jahr auf diesem Gebiet sprunghafte Fortschritte machen. Dazu werden die Umstände beitragen und man erhält wesentlich mehr Möglichkeiten, Menschen zu begegnen, die unsere Gefühlsseite anregen als das bei einer anderen Elementbetonung der Fall wäre.

Ist im Geburtshoroskop viel Luft vertreten, könnte das Jahr etwas ungewöhnlich ausfallen. Denn in einem Solarjahr mit starker Wasserbetonung wird man spüren, dass die allerbesten Argumentationen irgendwie zu kurz greifen, sie lösen nicht mehr das Gleiche in einem aus wie vorher. Es meldet sich ein Bedürfnis nach Kontakten, nach Wärme ohne Worte, nach Atmosphäre, Romantik, Häuslichkeit und dem Erleben von Gefühlen; und gleichzeitig besteht eine innere Unruhe, weil man das Handwerkszeug hierfür nicht besitzt. Für Menschen, die allzu nüchtern und logisch durchs Leben gehen, beinhaltet ein Wasser-Solar oft Konfrontationen und Erfahrungen, die in kein einziges logisches Muster passen. Dazu gehören Begegnungen mit gefühlsbetonten, launischen Menschen oder die Erfahrung von Gefühlen, die nicht einzuordnen sind. Aber gerade das hilft, die Einseitigkeit der schnurgeraden Logik zu durchbrechen. Ein solches Jahr, das leicht ungreifbar ist, kann für einen luftbetonten Typus sehr bereichernd sein, weil er seine Gefühle mehr erkennen und schätzen lernt.

Es kann sein, dass ein bestimmtes Häuserdreieck überhaupt keine Besetzung aufweist, was natürlich von Wichtigkeit ist und ebenfalls anzeigt, dass Erfahrungen auf dem Gebiet dieses Elements von untergeordneter Bedeutung sein werden. In der Praxis erweist sich die Dominanz eines Elements als sehr viel wichtiger und spürbarer als die fehlende Besetzung eines Elements.

Aber nicht alle Solare weisen eine Dominanz eines bestimmten Elements auf. Es gibt eine Vielzahl von Solaren, bei denen die Planeten einigermaßen gleichmäßig auf alle vier Elemente verteilt sind. In diesem Fall kommen auch die oben besprochenen Deutungen nicht zur Anwendung.

Die Kreuze

Auch bei den Kreuzen können wir eine einigermaßen gleichmäßige Verteilung vorfinden, dann liegt keine besondere Betonung auf die Art und Weise vor, wie man diesem Jahr Form gibt und wie und worauf man seine Energie ausrichtet. Gibt es allerdings eine Betonung, d.h. fünf oder mehr Planeten in den Häusern, die einem Kreuz angehören (in dem Fall vorzugsweise so viele persönliche Planeten wie möglich), dann erhalten wir für die Kreuze folgende Deutung:

Betonung des kardinalen Kreuzes

Dieses Solarjahr bringt viele neue Aktivitäten und Entwicklungen mit sich, möglicherweise sogar verbunden mit der Gefahr eines »Zuviel«. Es besteht eine stark »austretende« Tendenz, die Neigung also, auf die Außenwelt fixiert zu sein, sich aktiv zu beweisen, alles Mögliche zu unternehmen usw. Sogar relativ introvertierte Menschen werden mehr nach außen gerichtet sein (auch wenn ein Solarjahr keinen Wesenszug außer Kraft setzen kann). In vielen Fällen bringt eine Betonung des kardinalen Kreuzes das Bedürfnis nach Aktivität und den Wunsch mit sich, bestimmte Dinge zu unternehmen, was manchmal die Gefahr beinhaltet, dass etwas zu schnell in Gang gesetzt wird oder allzu sehr von den eigenen Ideen bestimmt wird, ohne Rücksicht auf andere Menschen zu nehmen. Daher sind Konfrontationen mit der Umgebung in einem solchen Solarjahr auch nicht ausgeschlossen. Und wenn im Geburtshoroskop bereits eine Betonung auf Aktion und Außen-Gerichtetheit vorliegt, kann eine Betonung des kardinalen Kreuzes bewirken, dass man sich selbst etwas zu sehr in den Vordergrund stellt (in den meisten Fällen unbeabsichtigt). Achten Sie darauf, dass Sie nicht zu viele Dinge gleichzeitig anfangen, man riskiert nämlich, zu vieles unternehmen zu wollen und dadurch in Zeitdruck zu geraten und Stress aufzubauen. War man aber jahrelang »zu träge«, kann dieses Jahr gut dafür sein, mehr Schwung in die eigene Entwicklung und Aktivität zu bringen.

Betonung des fixen Kreuzes

Ein hervorragendes Jahr, um zu verweilen und der eigenen Situation Beständigkeit und Stabilität zu geben. Vor allem nach einer sehr unruhigen Zeit kann einem ein solches Solarjahr äußerst gut tun, weil nur wenig oder kaum Druck entsteht. Allerdings ist die Gefahr nicht zu leugnen, dass in dem Solarjahr mit einer Betonung des fixen Kreuzes an Dingen festgehalten wird, die nicht mehr von Wert sind oder nur eine Art Scheinsicherheit bieten. Möglicherweise sehen wir uns gehindert, notwendige Schritte in Richtung neuer Entwicklungen zu machen, wodurch Chancen auf der Strecke bleiben oder sogar scheitern. Wenn im Geburtshoroskop bereits eine Betonung des fixen Kreuzes vorliegt, kann dieses Solarjahr noch mehr von Sturheit, Starrheit und Unbeugsamkeit geprägt sein.

Die Energie ist nach innen gekehrt und mehr darauf ausgerichtet, Begonnenes zu beenden, anstatt neue Dinge in Angriff zu nehmen. Ein gutes Jahr, um innerhalb der bestehenden Situation die Dinge in Ordnung zu bringen, und wenn sie gut laufen, kann man bei einer Betonung des fixen Kreuzes auch an eine Erweiterung denken (z.B. im geschäftlichen Bereich). Solch ein Unterfangen wird unter dem Einfluss des fixen Kreuzes besonders dann gut gehen, wenn auf feste Werte gebaut wird, auf Wissen, das man perfekt beherrscht, oder indem man sich auf Mittel stützt, die man bereits aufgebaut hatte.

Betonung des beweglichen Kreuzes

In diesem Jahr wird man mit einer Menge Ruhelosigkeit konfrontiert werden, oftmals bis ins kleinste Detail. Eventuell wird man bei eigenen Aktivitäten viel häufiger gestört werden als früher und hat Schwierigkeiten, mit dem fertig zu werden, was man will und sich auch ernsthaft vorgenommen hat. Immer kommt etwas dazwischen, und im Laufe eines »beweglichen« Solarjahres wächst ständig das Gefühl, nichts wirklich zum

Abschluss bringen zu können. Dieses Jahr eignet sich gut dazu, Angelegenheiten, die nicht mehr in Ordnung sind, ins Gleichgewicht zu bringen und anzupassen. Und doch läuft man immer wieder Gefahr, die Dinge aufs Neue ausgleichen zu müssen, da man in der nahen Vergangenheit allzu oft abrupt gehandelt und vorschnelle Entscheidungen getroffen hat.

Achten Sie darauf, sich nicht von der Unruhe überwältigen zu lassen, denn dann gelingt Ihnen vielleicht gar nichts mehr, trotz des Stresses, dem Sie sich ausgesetzt fühlen. Ein Vorteil dieses »beweglichen« Jahres liegt darin, dass sich möglicherweise auch neue Perspektiven aufzeigen, von denen man überhaupt nicht ahnt, wie deren Entwicklung aussehen könnte. Auf jeden Fall sind solche Perspektiven in diesem Solarjahr noch nicht konstruktiv, was aber langfristig sicherlich der Fall sein kann. Es geht also um Vorbereitungen auf eine in diesem Moment noch ziemlich ungewisse Zukunft. Vor allem die Menschen, bei denen das bewegliche Kreuz im Horoskop betont ist, haben in einem solchen Solarjahr eventuell das Gefühl, sich ein Bein auszureißen, ohne am Ende des Jahres auf sichtbare Leistungen zurückblicken zu können. Natürlich kommt auch das eine oder andere zustande, was aber nicht im Verhältnis zur Energie steht, die dafür aufgewendet wurde. Wir erleben bei einer Betonung der beweglichen Häuser in einem Solar auch oft viele Veränderungen, dabei geht es häufig nicht um eine einzige große Veränderung, sondern eher um mehrere kleine.

In manch einem Jahr kommt die Betonung eines Elements durch ein einziges Haus zustande. So ergab sich im Januar 1994 eine enorme Anhäufung persönlicher und langsam laufender Planeten im Zeichen Steinbock. Das heißt, dass das Haus, in das solch ein großes Stellium fällt, gleich die Dominanz von Element und Kreuz bestimmt. Es sollte deutlich geworden sein, dass wir in dem Fall auch die Bedeutung dieses einen spezifischen Hauses stark in den Vordergrund stellen müssen.

Der Vergleich mit dem Geburtshoroskop

Hat man die eventuelle Betonung eines Elements, Kreuzes oder Hauses festgestellt, besteht der nächste Schritt darin, einen Vergleich mit dem Geburtshoroskop anzustellen, um weitere Akzente in diesem Solarjahr aufzuspüren. Wenn eine bestimmte Planetenstellung oder eine Planetenkombination (Aspekt oder Aspektmuster), die im Geburtshoroskop angelegt ist, sich ebenfalls im Solar zeigt, erhält diese Stellung oder diese Planetenkombination eine besondere Betonung; mit anderen Worten, sie wird im Laufe des Solarjahrs deutlich spürbar werden. Im Solar selbst müssen wir unser Augenmerk also darauf richten, allerdings dürfen wir nicht vergessen, dass die gleiche Stellung oder die gleiche Planetenkombination auch im Geburtshoroskop in diesem Jahr in den Vordergrund tritt. Eine doppelte Wirkung also! Achten Sie bei einem Vergleich mit dem Geburtshoroskop auf Folgendes:

1. Im Solar kann ein Planet im gleichen Zeichen stehen wie im Geburtshoroskop. Wenn das der Fall ist, wird dieser Planet in diesem Jahr akzentuiert.

Diese Regel bedarf noch einer Erklärung, denn es ist klar, dass bei Planeten wie Merkur oder Venus, die immer dicht bei der Sonne bleiben, die Wahrscheinlichkeit viel höher ist als bei einem Planeten wie Jupiter (einmal in +/- 12 Jahren) oder Saturn, der etwa 29 Jahre braucht, um in sein ursprüngliches Zeichen zurückzukehren. Vor allem wenn es um langsamere Planeten wie Jupiter oder Saturn geht, ist es schwierig, herauszufinden, ob die Betonung, die sie in diesem Jahr erhalten, nur mit ihrer Stellung im Solar zu tun hat oder ob man die Akzentuierung spürt, weil man es mit der »Wiederkehr« des betreffenden Planeten zu tun hat, der in dem Fall seine Runde durch den Tierkreis vollendet hat. Hinsichtlich dieser Regel ist es daher das Beste, vor allem den persönlichen Planeten Aufmerksamkeit zu schenken.

Natürlich spielt die Sonne hier keine Rolle, weil sie ja der Ausgangspunkt ist! Denn sie steht in jedem Solar genau an dem Punkt, an dem sie im Radix platziert ist (Mir ist aufgefallen, dass vor allem Anfänger der Solar-Technik dies ab und zu vergessen und entsprechende Fragen stellen.)

Für Merkur und Venus (wie wir eben sahen) ist die Wahrscheinlichkeit groß, dass sie in das gleiche Zeichen wie im Geburtshoroskop zurückkehren. Daher müssen wir diese Regel noch ein wenig verfeinern. In dem Fall erhält der Planet mehr Nachdruck, je nachdem, wie sehr er sich der Gradzahl nähert, auf der er auch im Geburtshoroskop platziert ist.

Und doch müssen wir bei diesen Zeichenpositionen einige Randbemerkungen hinzufügen. Im vorigen Kapitel sahen wir bereits, dass Solare deutliche Zyklen aufweisen. Der Mond kann infolge des Eklipsenzyklus, an dem er beteiligt ist, insgesamt *neunzehn* Standpunkte im Horoskop einnehmen; danach beginnt sein Zyklus aufs Neue und die folgenden Platzierungen stellen grob gesehen eine Wiederholung der vorhergehenden dar.

Auch die anderen Planeten kann man in einen Zyklus stellen. Das sieht dann so aus, dass die Venus in aufeinander folgenden Solaren so gestellt ist, dass alle *acht* aufeinander folgenden Jahre ein Zyklus abgeschlossen wird. Venus beginnt dann wieder von vorne und wiederholt ihre vorherigen Positionen, wobei nach 8 Jahren ihr Platz genau oder fast gradgenau identisch ist. Das weist darauf hin, dass die Momente, in denen die Planeten durch eine bestimmte Stellung im Horoskop (entsprechend Zeichen oder Gradzahl) eine Betonung erfahren, also nicht »zufällig« sind.

Mir ist aufgefallen, dass ein Planet, der annähernd auf seinen Geburtsgrad zurückgekehrt ist, tatsächlich wichtig ist, allerdings muss ich hinzufügen, dass die Auswirkung nicht übermäßig stark ausfällt. Meine Sorge ist deshalb, dass diese Regel vor allem von denjenigen in übertriebenem Maße angewandt wird, die nicht wissen, wie rhythmisch und zyklisch Solare sind und aufgrund dessen die Position der Planeten als »zufälliger« ansehen, als sie in Wirklichkeit sind.

2. Achten Sie darauf, ob im Solar Planeten durch einen Aspekt verbunden sind, die auch im Geburtshoroskop in Beziehung zueinander stehen.

Dabei muss es sich nicht um den gleichen Aspekt handeln. Bildet etwa im Geburtshoroskop Mars ein Quadrat zu Uranus und im kommenden Solar steht Mars in Opposition zu Uranus, wird dieser Aspekt sowohl im Solar als auch im Geburtshoroskop wichtig werden und erhält aufgrund dessen eine besondere Betonung. Manchmal wiederholen sich sogar ganze Aspektkonstellationen, was allerdings weniger häufig vorkommt. Klar ist aber, dass dieses Solarjahr wichtige Erfahrungen auf dem Gebiet dieser Konstellation mit sich bringen wird.

Was beinhaltet eine »Betonung« genau?

Ein Solar umfasst viele Themen, und es gelingt einem nicht immer, zu bestimmen, welche davon in den Vordergrund treten werden. Die oben stehenden Ausführungen können aber hilfreich sein, einige Faktoren des Solarhoroskops herauszufiltern, von denen man sicher weiß, dass sie im betreffenden Solarjahr eine entscheidende Rolle spielen werden. Benutzen Sie eine solche »Betonung« beim Deuten vor allem, um abzuwägen.

Über Planeten in den Solarhäusern

Im Solarhoroskop bleibt die Bedeutung der Planeten im Großen und Ganzen so wie im Geburtshoroskop, allerdings mit dem Unterschied, dass sie nicht so sehr Grundbedürfnisse, Charakterzüge und Ausrichtungen der Psyche anzeigen, sondern eher Richtungen und Themen, mit denen der Horoskopeigner etwa ein Jahr lang beschäftigt sein oder mit denen er konfrontiert werden wird. Sicherlich beinhaltet dies auch vorübergehend neue Bedürfnisse oder Interessen, in jedem Fall aber neue Erfahrungen. Und diese wiederum können ihrerseits den Anfang wesentlich dauerhafterer Bedürfnisse, Einsichten und Einstellungen sein. Das Solar könnte also eine wichtige Wende oder einen Impuls anzeigen, der in diesem Jahr seinen Anfang nimmt und in diesem Moment oder sogar für den Rest des Lebens eine Rolle spielen wird. Ob diese Erfahrungen nun aus Ihrem Inneren aufsteigen oder Ihnen auf Ihrem Weg im Außen begegnen, ist anhand eines Solars nicht so ohne weiteres abzuleiten.

Das Geburtshoroskop ist und bleibt der Ausgangspunkt bei allem, was wir tun. Das Solarhoroskop kann also keine eingreifende Veränderung bewirken, wohl aber vorübergehende Nuancierungen und besondere Betonungen anzeigen. Wenn wir uns weiter unten die Deutungen der Planeten in den Solarhäusern anschauen, müssen wir auch immer das Geburtshoroskop selbst im Hinterkopf behalten.

Obwohl jeder Planet in jedem Solarhaus getrennt gedeutet

werden kann, ist es am besten, die Grundprinzipien der Deutung eines Solarplaneten in einem Solarhaus zu kennen. Daher werden wir uns alle Planeten und das, was sie in den entsprechenden Solarhäusern anzeigen, anschauen.

Sonne

Da das Solar auf der Wiederkehr der Sonne zu ihrem Geburtsort basiert, spielt das Solarhaus, in dem die Sonne steht, eine wichtige Rolle. Diesen Lebensbereich beleuchtet die Sonne; wir werden den Themen und Bedürfnissen, die mit dem betreffenden Haus zusammenhängen, das ganze Jahr über begegnen, sie spüren und darauf aufmerksam werden. Eine Art roter Faden, weil die Ausdrucksformen des Hauses, in dem die Sonne steht, nicht dramatisch in den Vordergrund treten müssen. Sie spielen ja während des ganzen Jahres eine Rolle und wirken sich in unserer Betrachtungsweise und den Fragen, die wir stellen, aus. Obwohl es im Prinzip darum geht, dass das Solarhaus, in dem die Sonne steht, auch das Gebiet ist, in dem man sich entwickeln und eventuell auch beweisen, Ehre erfahren und sich profilieren kann. Vieles hängt auch von den Aspekten ab, die die Sonne im Solar dieses Jahres bildet und auch vom Typus des Hauses.

Eine harmonisch aspektierte Sonne in einem Eckhaus (also den Häusern 1, 4, 7 oder 10) des Solars bietet wesentlich mehr Möglichkeiten, auf angenehme Weise eine wertgeschätzte Rolle im Vordergrund zu spielen, als wenn wir es mit einer unharmonisch aspektierten Sonne im 12. Haus des Solars zu tun haben. Aber: Bei der Sonne im Solar geht es nicht nur darum, Ehre zu erlangen (obwohl der Begriff »Ehre« von altersher zur Sonne gehört). Die Sonne hat primär mit dem Bedürfnis zu tun, das Ego zu entwickeln, und eine schwierig aspektierte Sonne im 12. Haus zeigt die Notwendigkeit an, mehr reflektierend im Hintergrund zu bleiben. Dass uns dies manchmal in Konflikt mit den Forderungen der Gesellschaft bringt, ist sicher recht deutlich. Das ist der Grund, weshalb Astrologen, die vor allem auf die Außenwelt ausgerichtet sind, in ihrer Deutung schnell damit bei der Hand sind, die Stellung der Sonne im 12. Haus als nichtig abzutun. Bei dieser Sonnenstellung habe ich übrigens sehr schöne Erfahrungen machen können. So erzählte mir jemand:

»In einem Jahr, als die Sonne und auch einige andere Planeten im 12. Solarhaus standen, fühlte ich das starke Bedürfnis, zur See zu fahren. Und tatsächlich habe ich ein Jahr lang auf einem Fischerboot gearbeitet.«

Die Frau, die mir das erzählte, konnte das erst im Nachhinein rekonstruieren. Denn in dem betreffenden Jahr, als die Solar-Sonne in 12 zu stehen kam, kannte sie diese Technik und deren Deutungsmöglichkeiten noch nicht. Achten Sie also darauf, dass Sie keine Unterschiede zwischen »guten« und »schlechten« Solarhäusern vornehmen: Für unsere persönliche Entwicklung ist diese Einteilung einfach nicht relevant. Wohl gibt es Häuser, die uns mehr auf uns selbst zurückwerfen, und solche, die uns mehr nach außen bringen. Die Sonne in einem bestimmten Solarhaus zeigt also an, welches Terrain für die Entwicklung unseres Ego in diesem Jahr wichtig ist.

Mond

Obwohl das Haus, in dem der Mond steht, vielen Astrologen zufolge oft nicht allzu sehr in den Vordergrund tritt, hat es sich doch als außerordentlich wichtig erwiesen. Wir erkennen nicht nur, dass dieses Haus oftmals das Gebiet anzeigt, das Emotionen hervorruft, Gefühle widerspiegelt und uns in diesem Bereich in Aufruhr versetzt. Im Grunde genommen erlebe ich sehr oft, dass im wahrsten Sinne des Wortes die äußeren Dinge dieses Hauses in Bewegung geraten. So wie der Mond am Himmel uns eine »Scheingestalt« zeigt und damit ständige Veränderung ausdrückt, erleben wir in dem Haus, in dem der Solar-Mond platziert ist, eine Menge Veränderungen, Abwechslung und Unruhe.

Wie oft habe ich bei einem Solar-Mond im 4. Haus Umbauten am Haus, (eingreifende) Veränderungen in der Wohnungseinrichtung erlebt, oder ein Kind verließ das Elternhaus. Nur in einem einzigen Fall schien der Mond sich ausschließlich auf die innere Welt zu begrenzen. In den meisten Fällen können wir feststellen, dass das Haus, in dem der Mond steht, das Gebiet ist, in dem wir mit hoher Wahrscheinlichkeit Wechseln und Veränderungen ausgesetzt sind und innerlich mit Emotionen und Gefühlen konfrontiert werden.

Übrigens müssen diese Veränderungen nicht unbedingt negativ ausfallen. Bei einem Mond im 6. Solarhaus habe ich erlebt, dass im Arbeitsbereich neue Initiativen ergriffen wurden, das eine oder andere umorganisiert oder ausgearbeitet wurde, was positive Folgen nach sich zog. Es erübrigt sich zu betonen, dass bei dieser Beschäftigung im beruflichen Bereich auch Gefühle und Emotionen mit im Spiel sind, nicht zuletzt durch den Bezug, den man zu seinem Arbeitsplatz hat. Bei anderen Solaren mit dem Mond im 6. Haus erlebte ich, dass der Betroffene in eine Reorganisation der Firma verwickelt wurde und eine Entlassungswelle miterleben musste. Das Haus, in dem der Mond steht, ist also das Gebiet, wo Gefühle und Emotionen eine Rolle spielen und wo mit hoher Wahrscheinlichkeit mit Veränderungen zu rechnen ist.

Merkur

Die traditionelle Deutung von Merkur in einem Solarhaus besagt, dass man mit den Themen dieses Hauses gedanklich beschäftigt ist.

Zu dieser Auffassung möchte ich etwas sagen. Da Merkur nie sehr weit entfernt von der Sonne steht, ist die Wahrscheinlichkeit groß, dass er sich im gleichen Haus befindet wie die Sonne.

Das Haus, in dem die Sonne steht, ist, wie wir oben sahen, sowieso wichtig und zeigt auch ohne Merkur einen Bereich an, auf den sich unsere Gedanken richten. Aus diesem Grund finde ich diese Aussage zu vage und zu allgemein. Soll das nun bedeuten, dass das Haus, in dem der Mond steht und Veränderungen anzeigt, uns gedanklich nicht beschäftigt?

Sehen wir uns Merkur in der Praxis an, ist er der Planet, der mit Handel, Planung, Kontakten und Verträgen zu tun hat. Das Haus, in dem er steht, ist der Bereich, in dem wir in Wechselwirkung mit anderen treten und Verträge abschließen, je nach persönlicher Situation. Merkur ist ein ruheloser Planet, weshalb wir auch oft Veränderlichkeit in dem Haus vorfinden, in dem er steht. Diese Veränderlichkeit ist weder so stark wie die des Mondes noch so emotionell. Es ist mehr ein Bereich der Bewegung, weshalb auch von Ruhelosigkeit die Rede sein kann. Merkur als jugendlicher Gott hat auch mit jungen Menschen zu tun. Ich habe mehrere Male erlebt, dass wir in dem Solarhaus, in dem Merkur steht, Kontakte zu jungen Leuten knüpfen konnten. Abgesehen von Handel, Kontakten und Verträgen ist Merkur der Planet des Transports und Verkehrs, des Schreibens und des Unterrichts. Mir ist einige Male aufgefallen, dass Merkur in einem Solarhaus darauf hinwies, auf welchem Gebiet jemand Kurse durchführte oder plante. (Jemand mit Merkur im 12. Haus belegte einen Kurs in Weinkunde und für jemand anderen bedeutete der gleiche Merkur in 12, dass er den Führerschein macht!) Aber auch ein Interesse an Büchern über Themen des entsprechenden Hauses, in dem Merkur steht, gehören dazu – entweder als Hobby oder einfach aus (vorübergehendem) Interesse. Selbstverständlich spielen die Aspekte, die Merkur in diesem Jahr bildet, gleichfalls eine Rolle.

Venus

Die traditionelle Bedeutung der Venus hat mit Liebe, Kunst oder Kunstverständnis zu tun; beim Solar sieht die Bedeutung etwas anders aus, obwohl die »angenehmen« Seiten weiterhin Bestand haben. Im Solarhaus weist Venus eher darauf hin, wo wir angenehme und erfreuliche Kontakte erwarten können (vorausgesetzt, Venus bildet nicht zu viele Konfliktaspekte in diesem Solarjahr). Häufig zeigt Venus an, welche Art von Beziehungen in diesem Jahr eine wichtige Rolle spielen werden, und meistens auch, wo wir im persönlichen Bereich (also nicht so sehr im beruflichen Bereich) Wertschätzung und Wärme erfahren werden.

Manche Deutungen scheinen etwas einfacher zu sein als andere: Venus im 11. Solarhaus beschert uns angenehme Kontakte mit Freunden und Menschen mit gleicher Wellenlänge; Venus in 9 beschert uns positive Kontakte im Ausland oder mit Studienfreunden, Venus in 3 weist auf Kontakte mit Nachbarn, Geschwistern usw. hin. Jedes Haus kann eine bestimmte Gruppe von Menschen anzeigen, deshalb kann Venus uns in jedem Haus mit positiven Erfahrungen durch Menschen erfreuen. Selbst wenn sie in Häusern steht, die als schwieriger angesehen werden, wird die Deutung einfacher sein.

Beispiele: Venus im 8. Haus kann angenehme Kontakte mit dem Finanzamt anzeigen, mit Versicherungsgesellschaften und anderen Finanzeinrichtungen oder mit Psychologen, Psychiatern, Chirurgen usw. Und eine Venus im 12. Haus muss nun wirklich nicht immer auf eine heimliche Liebesbeziehung hinauslaufen. Diese Venusstellung kann genauso gut einen Kontakt mit einem Homöopathen anzeigen, mit jemandem, der einem künstlerischen oder musikalischen Beruf nachgeht, zu einem Fischer und vielen anderen Personen mehr. Venus bringt in den Solarhäusern Erfahrungen mit sich, die mit einem Gefühl für Schönheit einhergehen, mit Harmonie und sozialen Kontakten. Möglicherweise trifft man in dem Haus, in dem Venus im betreffenden Jahr steht, harmonische Bedingungen an. Genauso kann es sein, dass man in dem Jahr selbst das Bedürfnis entwickelt, im betreffenden Bereich mehr für Harmonie zu sorgen oder diese vermitteln möchte, um das eine oder andere etwas fließender und leichter zu gestalten. (Vieles hängt natürlich auch von den Aspekten der Venus ab.) Venus im 1. Haus kann das Bedürfnis mit sich bringen, etwas freundlicher zu wirken und auch auf nettere Art und Weise Kontakte zu knüpfen; Venus im 6. Haus kann anzeigen, dass man versucht, mehr Atmosphäre und Gemütlichkeit am Arbeitsplatz zu schaffen, mehr Harmonie einzubringen, oder man bemüht sich, zu vermitteln und möchte den Friedensrichter spielen. Übrigens habe ich bei einer Solar-Venus im 6. Haus schon erlebt, dass jemand im betreffenden Jahr einen sehr netten Vorgesetzten bekam und die Arbeitsatmosphäre beträchtlich angenehmer wurde (nein, es war keine Liebe am Arbeitsplatz; es blieb auf die Atmosphäre beschränkt).

Traditionellerweise hat Venus auch mit Geld zu tun. Das ist eine Facette, die wir schnell vergessen (in der Stundenastrologie zeigt Venus im Horoskop eines Landes auch die wirtschaftliche Situation bezüglich Aktien und Geld an!). Im Solar können wir also manchmal auch durch Venus Informationen über unser Einkommen erhalten. In den meisten Fällen trifft für Venus das oben Gesagte zu (also mehr ihre harmonische und beziehungsorientierte Seite). Wenn sie in einem Solar aber in einem Haus zu stehen kommt, das von Natur aus mit den Bereichen Geld und Einkommen zu tun hat, zeigt sie hier eine positive Entwicklung im Finanziellen an (wenn sie nicht allzu konflikthaft aspektiert ist). Angenommen, Sie sind Schriftsteller oder Vertreter (beides sind Berufe, die dem 3. Haus angehören) und Venus steht in einem bestimmten Solarjahr im 3. Haus, dann ist die Wahrscheinlichkeit sehr groß, dass Sie sich als Folge Ihrer Aktivitäten in diesem Jahr finanziell verbessern werden. Meine Erfahrung ist zudem, dass auch äußerst günstige Angebote, die wir erhalten, keine Seltenheit sind.

In einem Solar ist Mars, ebenso wie im Geburtshoroskop, ein Indikator für unsere Energie. Das Haus, in dem er steht, zeigt an, worauf wir unsere Energie richten. Oft weist Mars in einem Solarhaus darauf hin, auf welchem Gebiet wir neue Initiativen ergreifen (können) und wo wir eine Menge Aktivitäten entwickeln oder Aufgaben erledigen. Pionierarbeiten im betreffenden Solarhaus von Mars sind sehr gut möglich, das kann sogar ein wahrer Ausbruch an Kreativität sein. Obwohl Mars mehr mit Selbstbehauptung und Kraft zu tun hat, wird doch recht häufig in dem Haus, in dem er steht, Kreativität freigesetzt. Diese Kreativität schlummerte bereits unter der Oberfläche, kommt aber erst beim Tun und Umsetzen von Ideen und Bedürfnissen nach oben. Dazu brauchen wir die Energie von Mars. Denn Mars selbst besitzt diese Kreativität nicht, er ist das Instrument, um sie nach außen zu bringen und Dinge in Gang zu setzen.

Aber Mars ist schnell hitzig und kann auch zu selbstbewusst oder aggressiv auftreten. Deshalb kann es in dem Haus, in dem er steht, Anlass zu Streit und Spannungen geben, manchmal allein schon aufgrund der Tatsache, dass es ihm an Kooperation mangelt und er ohne Absprachen zu treffen oder andere einzubeziehen die Dinge im Alleingang regelt. Meistens geschieht das vollkommen unbewusst. Auch ist es so, dass Mars in dem entsprechenden Solarhaus anzeigen kann, wo wir den Sticheleien anderer ausgesetzt sind, wo wir also Streit, Wetteifer und Impulsivität als Folge des Verhaltens anderer erleben.

Mars ist ja an sich eine kraftvolle Energie und aus dem Haus, in dem er steht, können wir eine Menge herausholen. Mit Mars im 2. Haus haben wir die Möglichkeit, durch Pionierarbeit und gezielte Aktivitäten unser Vermögen aufzustocken. Das gilt weniger für diejenigen, die einer abhängigen beruflichen Tätigkeit nachgehen, als eher für Menschen, die selbstständig oder freiberuflich arbeiten. Für einen Schriftsteller oder Vertreter kann Mars im 3. Haus durch die Energie, die in Aktivitäten gesteckt wird, oder aufgrund neuer Einsichten, die umgesetzt werden, die Produktivität enorm steigern. Mars hat immer mit Erneuerung zu tun, wenn auch nicht so bahnbrechend wie Uranus. Es geht um eine pionierartige Qualität, verbunden mit der Impulsivität von Mars und seiner Haltung »Erst handeln, dann denken«, die ihn auf neue Ideen bringt, die er auch meistens sofort in Angriff nimmt oder ausprobiert. Mars bringt auch häufig Enthusiasmus mit sich; und diese Energie fühlt sich gut an, wenn Aktivität stattfindet.

Mars ist auch der Planet sexueller Energie, aber diesbezüglich müssen wir mit der Deutung vorsichtig sein. Mir sind einige Solare mit Mars im 6. Haus untergekommen, von denen es nur in einem einzigen Fall um unerwünschte Intimitäten am Arbeitsplatz ging. In allen anderen Fällen erwies sich Mars viel mehr als Ausdruck harter Arbeit, dem Wunsch, die Werbung anzukurbeln oder den Aufbau neuer Abteilungen. Mars in 12 muss übrigens nicht bedeuten, dass man zur Heimlichtuerei neigt. Genauso gut ist es möglich, dass man sich in diesem Jahr auf alles stürzt, was mit Traumdeutung, Imagination, Zeichnen, Musik, Malen usw. zu tun hat. Möglicherweise eröffnet man aber auch einen Spirituosenhandel.

Jupiter

Der Planet der Expansion und der Ausdehnung des Horizonts, des Enthusiasmus und der Vision scheint in den Solarhäusern sehr oft das Gebiet anzuzeigen, in dem wir Hilfe erhalten, Glück haben, gute Chancen bekommen, um eine Verbesserung unserer Situation zu erreichen. Außerdem ist Jupiter der Planet der Studien und der Entwicklung und kann in einem Solarhaus auch den Drang anzeigen, sich in diesem Bereich nicht nur oberflächlich weiterzuentwickeln.

Ein Beispiel: Ich habe mehrfach erlebt, dass Jupiter im 9. Solarhaus sich als Bedürfnis auswirkte, zu einem bestimmten

Thema zu promovieren, und das, Jahre nachdem das Studium bereits beendet war. Plötzlich ergaben sich in diesem Jahr Einsichten und Ideen, die zu einer neuen oder tieferen Anschauung führten; oder bereits bestehende Einsichten reiften zu einem Ganzen heran.

Jupiter beschert uns oft glückliche Kontakte, auch in den Fällen, in denen er viele Konfliktaspekte bildet. Obwohl wir dann damit rechnen müssen, dass die Menschen, die in dieser Hinsicht wichtig für uns sind, selbst Probleme haben und nicht alles für uns erledigen können. Möglicherweise muss gemeinsam daran gearbeitet werden, Hindernisse aus dem Weg zu räumen. Ich habe die Erfahrung gemacht, dass Jupiter in den Solarhäusern häufig als einfach schöne und angenehme Hilfe erlebt wird. Manchmal zeigt er auch ohne Umschweife an, auf welchem Gebiet man einfach genießen kann oder an Raum gewinnt.

Als Glücksfaktor zeigt er möglicherweise auch ein gutes Timing an. Mit Jupiter im 8. Solarhaus schließt man unter Umständen eine Hypothek ab, und zwar kurz bevor der Zinssatz plötzlich angehoben wird oder gerade noch bevor sich die Bedingungen negativ verändern.

Jupiter kann auch eine positive Einstellung bezüglich des Hauses, in dem er im Solar steht, anzeigen. Im 3. Solarhaus eines Kindes, das eingeschult wird, zeigt Jupiter zum Beispiel an, dass es diese Erfahrung mühelos in sein Leben integriert und ihr positiv begegnet. Auch habe ich erlebt, dass ein Kind mit Jupiter im 3. Solarhaus sehr positiv und voller Erwartung auf die Geburt seines Schwesterchens reagierte – ebenfalls dem 3. Haus zugehörig.

Obwohl man geistig mit dem Bereich beschäftigt ist, in dem Merkur sich aufhält, erlebe ich das Gleiche auch bei Jupiter. Ich erkenne Bestrebungen, sich auf den entsprechenden Gebieten durch Reden oder Lesen weiterzubilden oder, wie ich oben bereits beschrieben habe, tatsächlich ein Studium zu beginnen. In Bezug auf das Letztere erlebe ich dies vor allem dann, wenn man sich mit dem Thema des Hauses, in dem Jupiter steht, bereits vorher beschäftigt hat – in welch geringfügigem Umfang auch immer. Ich habe den starken Eindruck, dass Jupiter nicht plötzlich ein ganz neues Gebiet erschließt, sondern das vertiefen will, was bereits in uns schlummert.

Saturn

Verantwortlichkeit, Verpflichtungen, Einfachheit und Druck sind nur einige Stichworte zu Saturn in den Solarhäusern. Saturn ist der Prozess der Abgrenzung und des Wissens über das, was wir können und was nicht. Ein wichtiges Instrument also, um auf einer realistischen Grundlage wir selbst zu werden, was aber unwiderruflich damit einhergeht, sich einzugestehen, was uns tatsächlich möglich ist und was nicht, also dem Wissen um unsere Grenzen und hinsichtlich der Übernahme von Verantwortung. Das Solarhaus, in dem Saturn steht, ist der Bereich, in dem wir mit diesem Abgrenzungsprozess konfrontiert werden. Das kann auf unterschiedliche Art und Weise geschehen, muss im Übrigen aber nicht immer schmerzhaft sein. So sehr Saturn auch der Lernprozess des Schmerzes ist, kann seine Einfachheit manchmal wohltuend sein.

In dem Bereich, in dem Saturn steht, werden wir möglicherweise mit Dingen aus der Vergangenheit konfrontiert. Dinge, die vielleicht schon sehr weit zurückliegen und nun erneut unseren Weg kreuzen. Handelt es sich um Themen, vor denen wir uns damals gedrückt haben, kommen wir jetzt anscheinend nicht mehr daran vorbei, sie anzuschauen oder abzuschließen. Das Gesetz von Ursache und Wirkung ist nun mal unerbittlich mit Saturn verbunden.

In dem Haus, in dem Saturn platziert ist, wird häufig auch unsere Geduld auf die Probe gestellt. Harte Arbeit ohne großartige Entlohnung oder Komplimente ist beispielsweise nur eine Auswirkung von Saturn im 6. Solarhaus. Bei einem Saturn im 7. Solarhaus geht es möglicherweise um einen Partner, der sich distanziert, der Probleme hat oder eine Zeit lang außergewöhnlich stark in sich gekehrt ist. Vielleicht ist er oder sie aber auch aus beruflichen Gründen viel von zu Hause weg. Begrenzungen, Verzögerungen und manchmal auch Enttäuschungen sind nicht ungewöhnlich in dem Haus, in dem Saturn sich aufhält. Oft bringt er eine Abkühlung der Kontakte mit sich, die sich in diesem Haus abspielen, beispielsweise Probleme mit Nachbarn und gegenseitige Ablehnung bei Saturn im 3. Solarhaus. Vielleicht werden wir aber auch von Freunden verlassen, die in einen anderen Teil des Landes ziehen – bei Saturn im 11. Solarhaus.

Saturn verkörpert auch das Gesetz, die Obrigkeit, Autorität und das Beamtentum. Das bedeutet, dass das Haus, in dem Saturn steht, uns in Kontakt mit diesen Themen oder Menschen bringen kann. Uns werden zum Beispiel in dem betreffenden Haus eine Reihe von Vorschriften auferlegt oder wir geraten in die Mühlen des Gesetzes. Mir fiel aber noch etwas bei Saturn auf. Er ist in einigen Häusern empfindsamer für äußere Begrenzungen, besonders wenn er im 1. oder 10. Haus steht. Wir fühlen uns stärkeren Begrenzungen bezüglich unseres Funktionierens ausgesetzt und sind aufgrund dessen empfänglicher dafür, uns zu ärgern. Diese Stellung von Saturn kann aber auch andere Auswirkungen haben. Saturn im 1. Haus bringt eventuell auch das Bedürfnis mit sich, mehr Verantwortungsgefühl für das eigene Verhalten zu entwickeln oder mit weniger Aufheben und Machoverhalten nach außen zu treten und stattdessen ruhiger, zuverlässiger und/oder erwachsener zu wirken und mehr Selbstdisziplin an den Tag zu legen.

Auch ältere Menschen sind Saturn zugeordnet. Deshalb ist eine mögliche Auswirkung Saturns in einem Solarhaus, in diesem Bereich älteren, reiferen oder erwachseneren Menschen zu begegnen. Als Planet der Dauerhaftigkeit kann Saturn in einem Haus etwas in Bewegung setzen, das für sehr lange Zeit noch seine Nachwirkungen zeigen wird, die bestimmt nicht immer problematisch sein müssen. Im 1. Solarhaus kann er den Beginn einer disziplinierten Haltung anzeigen, die bestehen bleibt, selbst wenn Saturn in den darauf folgenden Jahren in anderen Häusern zu stehen kommt. Befindet sich Saturn im 11. Solarhaus, zeigt er vielleicht den Beginn einer lang andauernden Freundschaft an, die sich in den künftigen Jahren noch vertiefen wird. Eine solche Freundschaft kommt manchmal auf irgendeine Art unter eher schwierigen Umständen zustande. Das Haus, in dem Saturn steht, kann uns daher noch Jahre später eine Erfüllung oder Belohnung schenken.

Eine andere Erfahrung mit Saturn in den Häusern ist Folgende: Bei verschiedenen Frauen habe ich erlebt, dass die Menopause einsetzte, als Saturn im 5. Solarhaus stand. Er setzte die Zeit fest, in der sie sich psychisch auf das Ende ihrer Fähigkeit, Kinder zu gebären, vorbereiten mussten. Saturn steht ebenfalls im 5. Haus, wenn im darauf folgenden Jahr, die Menopause der Frau abgeschlossen ist und auch wenn die letzte Menstruation stattfindet. Das definitive Ende dieser Zeitperiode wird somit markiert, also die Zeit, in der man noch Kinder gebären kann. Bei Saturn im 5. Haus ist mir auch aufgefallen, dass Frauen, die bewusst oder ungewollt kinderlos geblieben sind, in diesem Jahr durch eine Art Trauerprozess gingen und mit der Tatsache ins Reine kommen wollten, dass ein biologisches Bedürfnis des Frauseins nicht erfüllt werden konnte oder durfte.

Die transsaturnalen Planeten: Uranus, Neptun und Pluto

Obwohl man prinzipiell die Deutung dieser Planeten im Solar auf gleiche Weise vornehmen kann wie die der vorhergehenden Planeten, fällt mir in der Praxis auf, dass sie etwas schwieriger und weniger greifbar zu deuten sind. Uranus als Planet der plötzlichen Veränderungen, kann in dem Solarhaus, in dem er steht, eingreifende, plötzliche oder schnelle Veränderungen bringen.

Das habe ich durchaus schon erlebt; aber in ebenso vielen Solaren war davon nur wenig zu spüren. In meinen eigenen Solaren und denjenigen der Menschen, bei denen ich das zurückverfolgen konnte, war in mehreren Jahren von Uranus nichts zu bemerken. Auch Pluto kann in einem Solarhaus jahrelang unbemerkt bleiben, und plötzlich tritt er dann für einige Jahre in den Vordergrund. Obwohl ich in der Solar-Literatur hierüber nichts finden konnte, zwingt mich die praktische Erfahrung dazu, bei der Deutung der transsaturnalen Planten in den Solarhäusern eine vorsichtigere Haltung einzunehmen. Die unten aufgeführten Deutungsansätze basieren daher auch ausschließlich auf praktischer Erfahrung, wobei ich spätere Ergänzungen oder neue Einsichten für sehr gut möglich halte.

Uranus

Wie wir eben sahen, gehören zu diesem Planeten plötzliche Veränderungen, aber auch neue Einsichten, Originalität, genauso wie Angespanntheit und Stress, Abbruchstendenzen (meistens, um später etwas auf bessere Art wieder aufzubauen) usw. Das Haus, in dem Uranus steht, kann diese oder ähnliche Tendenzen anzeigen. Es kommt sicherlich vor, dass zum Beispiel Uranus im 6. Haus plötzliche Veränderungen in beruflicher Hinsicht oder der Arbeit selbst beinhalten kann. Oder man ist in einer Firma beschäftigt, in der eine plötzliche Reorganisation ansteht. Meine Erfahrungen zeigen, dass Uranus aber auch wesentlich subtiler vorgehen kann, manchmal kaum merklich. Bleiben wir bei Uranus im 6. Haus: Vielleicht spielt man gedanklich mit allerlei Ideen und Möglichkeiten, ohne etwas in Gang zu setzen oder mit anderen darüber zu reden. Auch das Nachsinnen über eine Erneuerung, Automatisierung oder Individualisierung innerhalb einer Firma sind möglich. In einem späteren Stadium (das kann ein oder auch mehrere Solare später der Fall sein) können diese originellen und kreativen Ideen wie von selbst in die Tat umgesetzt oder den Dingen angepasst werden. Es ist also tatsächlich irgendetwas im Gange, was aber nicht unbedingt sichtbar sein muss.

Bei Uranus im 2. Haus habe ich festgestellt, dass bei der betreffenden Person bezüglich der Finanzen keine eingreifenden Veränderungen auftraten (oft fand überhaupt keine Veränderung statt) und schon gar keine schockierenden Ereignisse. Allerdings »grummelte« es innerlich schon etwas, und zwar hinsichtlich der eigenen Motivation. Wie wir wissen, hat das 2. Haus nicht immer mit dem Einkommen zu tun; die psychologische Bedeutung hat mit Lust- und Unlustgefühlen zu tun. Hier finden wir unter anderem auch unsere eigene Motivation und deren Kraftpotenzial. Deshalb kann Uranus im 2. Haus im finanziellen Bereich alles beim Alten lassen, aber auf einem tieferen Niveau die Frage aufwerfen, wie es um unsere Motivation bestellt ist, die Dinge zu tun, die man tun muss.

So bedeutet Uranus im 4. Solarhaus in vielen Fällen im wahrsten Sinn des Wortes einen Umbau oder einen Umzug. In wesentlich mehr Fällen stelle ich aber fest, dass man (manchmal fast ohne es zu merken) sich um sein Haus kümmert und spürt, dass man bestimmte Dinge anders haben will. So als wäre dies die Vorstufe für ein Eingreifen zu einem späteren Zeitpunkt. Wenn wir uns also das Haus ansehen, in dem Uranus steht, müssen wir damit rechnen, dass sich in dem Bereich allerlei plötzliche Wendungen ergeben können, was aber mit Sicherheit kein Gesetz ist. Wir werden wohl des Öfteren originelle neue Ideen bekommen, erfinderisch sein und vielleicht sogar an Veränderungen denken. In einer Reihe von Fällen kann man mit Uranus in einem bestimmten Haus auch harte Erfahrungen machen – einschneidende und trennende, manchmal sogar schockierende. Solche Erfahrungen sind allerdings schwer vorherzusagen. Seien Sie also nicht schon im Voraus ängstlich, dass Uranus im 7. Haus des Solars eine Scheidung mit sich bringt. Viel wahrscheinlicher ist, dass beide in eine andere Form der Beziehung hineinwachsen und dass diese Erneuerung positiv ist.

Eine letzte Seite von Uranus ist Freiheit und Unabhängigkeit. Das Haus, in dem Uranus im Solar platziert ist, kann durchaus auch das Gebiet anzeigen, in dem wir mehr Lebensraum für uns selbst schaffen wollen und/oder mehr Freiheit benötigen. Deshalb sind Spannungen in einem Bereich, in dem wir eine Menge Verpflichtungen haben, durchaus möglich.

Neptun

Die Bedeutung von Neptun reicht von Spiritualität bis hin zu Betrug, von selbstloser Hilfe bis hin zu Chaos – diese Extreme erschweren eine konkrete Deutung. Als empfindsamer, manchmal sogar überempfindlicher Inhalt im Horoskop kann er auf dem Gebiet des Hauses, in dem er im Solar steht, zur Vertiefung von Gefühlen beitragen. Neptun ist auch der Planet einer nahezu göttlichen Inspiration in Kunst und Musik und kann uns auf diesen Gebieten äußerst kreativ werden lassen. Daher erkennen wir als eine der Auswirkungen Neptuns in einem Solarhaus Inspiration und Er- und Einfühlen in die Dinge. Neptun wird auch stets versuchen, uns mit allem und allen um uns herum in Verbindung zu bringen, denn er ist der Planet des Erlebens von Einheit. Das kann, um ein Beispiel zu nennen, im 9. Haus das Gefühl mit sich bringen, dass das Wissen, das man sich gerade aneignet, mit mehr verbunden sein muss, als man im Moment ahnt oder überblicken kann. Im 12. Haus kann er uns in hohem Maße für die Not anderer sensibilisieren und uns vielleicht das Bedürfnis bringen, uns Gruppierungen anzuschließen, die sich mit der Umwelt oder der Dritten Welt beschäftigen – um nur einige Beispiele zu nennen.

Gleichzeitig hat Neptun keine Begrenzungen, und das Haus, in dem er steht, kann durch Chaos und Unterminierung, durch Missverständnisse oder Betrug bedroht werden. Vielleicht sieht man das eine oder andere allzu rosig und kommt erst später dahinter, dass die Wahrheit ganz anders aussieht. Neptun trägt im wahrsten Sinne des Wortes eine rosarote Brille.

Aber ebenso wie bei Uranus ist es möglich, dass man im betreffenden Solarjahr die Dinge nicht ganz im Blick hat. Vielleicht erlebt oder erfährt man überhaupt kein Chaos und erkennt erst Jahre später, dass rückblickend das entsprechende Jahr und der betreffende Lebensbereich doch chaotisch waren oder dass Dinge einfach schief gelaufen sind. Hier muss ich übrigens nachdrücklich betonen, dass dies eine von vielen Deutungsmöglichkeiten ist und dass die Dinge nicht notwendigerweise unsichtbar und ungreifbar aus dem Ruder laufen müssen.

Vielleicht verhält man sich zu idealistisch oder verträumt in dem Haus, in dem Neptun steht, aber: Neptun bringt in diesem Haus möglicherweise auch eine idealistischere Sichtweise mit sich, um uns aus vielleicht allzu konkreten und irdischen Betrachtungsweisen herauszureißen. Neptun kann uns auch in dem Bereich, in dem er im Solar steht, eine spirituelle Dimension verleihen. Manchmal gelangt man zu überaus überraschenden Ergebnissen. In meinem Solar für das Jahr 1994 standen Uranus und Neptun im 12. Haus. In diesem Jahr wurde ich in verschiedene Kirchen (!) eingeladen (12. Haus), um Vorträge über Astrologie (Uranus) und Religion (Neptun) zu halten. Es machte mir sehr viel Freude, das auch zu tun.

Pluto

Große und einschneidende Veränderungen, nicht selten krisenhafter Natur, sind in dem Haus zu erwarten, in dem Pluto steht. Auch Konfrontationen, die unausweichlich scheinen, denen man nicht entkommen kann und die meistens nicht gerade angenehm sind, gehören zu Plutos Bereich. Das können Machtkonflikte, Beschuldigungen und Belästigungen heftigster Art sein, über die man keine Macht gewinnt und die man nicht im Griff hat. Und nicht zuletzt geht es auch um innerseelische Krisen: Ein alter Schmerz, der nach oben drängt und aufgelöst und verarbeitet werden will. Letzteres habe ich häufig bei Pluto im 1. und 10. Haus erlebt, also den beiden »Ausgängen« des Horoskops. Nicht selten erlebt der oder die Betreffende in diesem Jahr eine Art Identitätskrise. Hier leistet Pluto dann seine Arbeit als Planet der Krisen und Transformation, des Sterbens und der Wiedergeburt. Er ist der Phönix, der aus der Asche steigt, und diese Asche will er auch sehen.

Noch eine kurze Anmerkung zu Pluto im 1. und 10. Solarhaus. Ich habe sehr häufig mitbekommen, dass, wenn Pluto im 1. Solarhaus steht, er im darauf folgenden Jahr im 10. Haus platziert ist. Der Konfrontations- und Transformationsprozess erstreckt sich über mehrere Jahre. Der Start zu diesem Prozess findet zu der Zeit statt, in der Pluto im 1. Solarhaus steht, und gelangt zur vollen Wirkung, wenn er im 10. Haus landet – dann werden wir unsere Identität verändern müssen.

Manchmal können wir erleben, dass die Erfahrungen, die uns zwingen, unsere Identität zu verändern, schon vorher gemacht wurden (in dem Jahr, in dem Pluto im 1. Solarhaus stand), dass es aber erst wirklich ernst wird und auch echt wirkt, wenn Pluto im 10. Solarhaus steht.

Als Planet findet sich Pluto natürlich in jedem Solar, und doch habe ich viele Solare untersucht, bei denen in dem Haus, in dem Pluto stand, nichts, aber auch gar nichts Auffälliges passierte. Fast so, als würde er nicht dazugehören. Betrachtet man Solare als einzelne Horoskope, scheint dieses Deutungsproblem unauflösbar. Schaut man sich diese Solare über einen längeren Zeitraum hinweg an, erkennt man, dass Pluto in einem bestimmten Haus wie eine embryonale Phase wirkt und für eine Haltung, eine Einsicht und nicht selten für eine einschneidende Charakteränderung sorgt, die erst Jahre später tatsächlich stattfindet. Pluto kann auch buchstäblich eine »Arbeit im Verborgenen« anzeigen. Man arbeitet an etwas, das einen sehr tief berührt oder das sich als wichtiges Interesse hervortut.

Ein Beispiel: Ich habe in dem Solarjahr, in dem Pluto in 12 stand, sehr hart an meinem Buch *»Das zwölfte Haus«* gearbeitet. Im Jahr darauf stand Pluto im 8. Solarhaus. Das Thema, mit dem ich damals im Zusammenhang mit Vorträgen beschäftigt war, lässt sich leicht erraten: das 8. Haus! Weder bei Pluto in 12 noch bei Pluto in 8 habe ich Dinge erlebt, mit denen ich nicht zurechtkam. Aber erst jetzt erkenne ich wirklich, wie eingreifend die Arbeit an diesen Themen für mich war. Damals konnte ich rein theoretische Vermutungen anstellen, aber erst später ist für mich all das tatsächlich sichtbar und spürbar geworden.

Pluto ist durchaus in der Lage, in dem Haus, in dem er steht, psychologisch oder auf realer Ebene vieles durcheinander zu bringen. Und zwar durchaus mit positiven Auswirkungen, denn er verfügt über tief greifende Eigenschaften, die intensive Einsichten und Verständnis mit sich bringen können. Natürlich beinhaltet das auch in hohem Maße konfrontierende Erfahrungen.

Wenn man mit Menschen zu tun hat, die in den Bereich des Hauses fallen, in dem Pluto steht, können diese einen starken Einfluss auf uns ausüben. Diese Leute können der sprichwörtliche »Sargnagel« für uns sein, aber genauso gut ist es möglich, dass sie uns dabei behilflich sind, zum Durchbruch zu kommen. Manchmal wird man auch mit der Tatsache konfrontiert, dass Menschen, die zu diesem Haus gehören, eingreifende Erlebnisse haben und uns daran teilhaben lassen; möglicherweise berührt uns dieses Ereignis aber auch auf andere Art und Weise. Ein letzter Punkt, den ich bei Pluto erkenne, ist, dass auch wir selber andere Menschen, die in den Solarbereich Plutos fallen, sehr stark beeinflussen können – ohne dies selbst zu erkennen. Hier kann man die heftigsten Reaktionen hervorrufen.

Mitte der neunziger Jahre des letzten Jahrhunderts hatten wir eine Uranus/Neptun-Konjunktion. Obwohl diese beiden Planeten nicht in allen Horoskopen einen Aspekt gebildet haben, konnte doch jeder die Auswirkung spüren, mit Sicherheit im Solar. Die Wahrscheinlichkeit, dass diese beiden Planeten gemeinsam in ein Solarhaus fielen und dort sehr widersprüchliche Bedürfnisse und Gefühle verursachten, ist sehr groß. In einem bestimmten Moment gesellte sich auch Saturn zu den beiden. In dieser Zeit sind mir viele Personen begegnet, die diese drei Planeten in einem Solarhaus stehen hatten. Das ist ein Faktor, den wir berücksichtigen müssen, weil eine kollektive Tendenz, die für die ganze Welt gilt, nun plötzlich in einem sehr persönlichen Bereich aktiv wird. Uranus und Neptun können zusammen einen instabilen Faktor bilden, aber auch das Chaos, aus dem sich neue Inspiration und neue kreative Impulse entwickeln. Solare stehen damit auch in einer tieferen Verbindung mit dem, was sich für das Kollektiv am Himmel abspielt. Achten Sie daher auf die großen Konjunktionen am Himmel, auch wenn sie in Ihrem Geburtshoroskop keine Rolle spielen. Im Solar kommen Sie damit in Kontakt.

Ebenso auch mit einigen anderen »großen Aspekten«, die für die ganze Welt wichtig sind, beispielsweise die Opposition zwischen Pluto und Saturn in den Jahren 2001–2002. Diese Opposition ist auch eine Achse in den Solarhäusern!

Horoskopbeispiele: Solare von niederländischen Politikern während der Wahlperiode 1994

Man kann übrigens aufgrund von Solaren nicht vorhersagen, ob Politiker eine Wahl gewinnen oder verlieren; eine solche Aussage ist anhand eines Solars nicht so einfach. Wir können uns aber sehr wohl ansehen, ob wir bestimmte Ereignisse einzuordnen vermögen.

Ich muss darauf hinweisen, dass ich nicht darüber informiert bin, an welchem Ort sich die Politiker zu Beginn des neuen Solarjahres aufhielten, was ein Deutungsrisiko beinhaltet. In der Praxis macht es allerdings keinen gravierenden Unterschied, ob wir Den Haag oder Rotterdam als Aufenthaltsort wählen (Lubbers Wohnort). Ich habe mich also für Den Haag entschieden, weil das mit aller Wahrscheinlichkeit deren Aufenthaltsort war. Weniger treffsicher ist bei der Wahl des Ortes die Aussage für Politiker, deren Geburtstag in die Parlamentsferien fällt, wie bei die ihren Geburtstag in den Weihnachtsferien feiert. Sie war gerade zur Verkehrsministerin ernannt worden, als ihr neues Solar begann (Abbildung 4). Mit einer so starken Betonung des 3. Hauses verweist die Astrologie sehr deutlich auf das Thema Verkehr und Transport! Ihr Auftreten als Ministerin rief im ersten Halbjahr ihrer Tätigkeit äußerst starke Reaktionen hervor. Sie hat Pluto im 1. Haus (im darauf folgenden Solarjahr im 10. Haus).

Im Solar für 1994 (Abbildung 5) steht der Mond im 9. Haus. Hier werden für sie Veränderungen anstehen. Dementsprechend wurde sie dann auch auf die Liste für die Europawahlen gesetzt, und ihren Arbeitsschwerpunkt verlegte sie im Verlauf des Jahres 1994 ins Ausland – Brüssel und Straßburg. Und wieder ist das 3. Haus in diesem Solar stark besetzt. Die Themen Transport und Verkehr blieben somit ein wichtiger Arbeitsbereich für sie.

Ruud Lubbers

Das erste Kabinett Lubbers' trat 1982 in Kraft. Van Agt führte zwar noch die Wahlkampagne an, entschied sich dann aber, nicht mehr Ministerpräsident zu werden.

Innerhalb der CDA[1] fanden Veränderungen statt, in deren Folge Lubbers das hohe Amt erhielt.

Im Solar für 1982 (Abbildung 6) steht der Mond im 11. Haus. Das 11. Haus steht für einen Politiker immer in Zusammenhang mit seiner Partei. Der Mond weist hier auf Veränderungen für Lubbers hin, und Jupiter zeigt die Unterstützung durch die Partei. Pluto beschreibt möglicherweise den Aufstieg in eine hohe Position. Die Sonne im 6. Haus betont den Bereich Arbeit,

1 Christen-Demokratisch Appell: Niederländische christlich-demokratische Partei (Anm. d. Ü.)

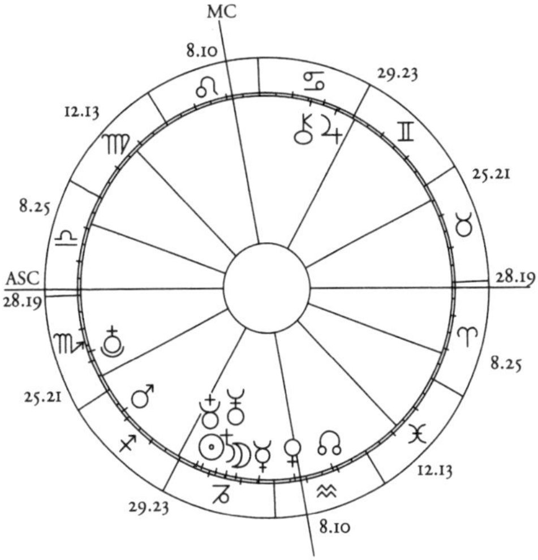

Abb. 4: Hanja Maij-Weggen, Solar 1989, 29. Dezember 1989, 1:55 GMT, Den Haag

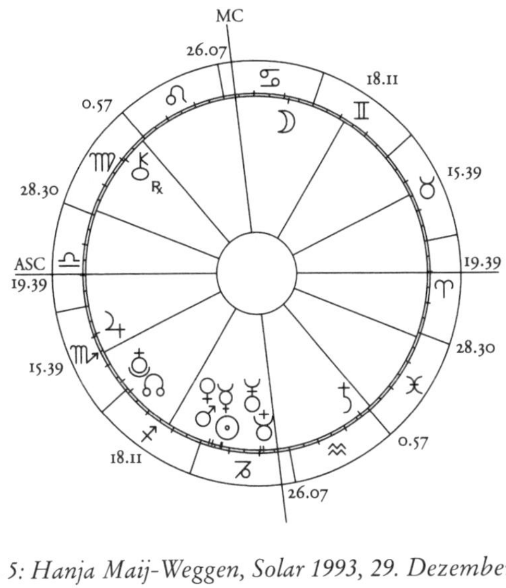

Abb. 5: Hanja Maij-Weggen, Solar 1993, 29. Dezember 1993, 1:05 GMT, Den Haag

die Lubbers auch auf sehr sachliche Weise anging. Dass er tatsächlich von Beginn an sehr hart arbeitete, brachte Ria Lubbers mehrere Male deutlich zum Ausdruck. Saturn in 10 kann darauf hinweisen, dass ihm das nicht leicht fiel, aber auch, dass er die Bereitschaft besaß, eine Menge Verantwortung zu übernehmen.

1989 wurde das zweite Kabinett von Lubbers gestürzt – eine Koalition von CDA und VVD[2]. Die Zusammenarbeit gestaltete sich bereits seit längerer Zeit recht schwierig und scheiterte letztendlich völlig. Das geschah kurz vor Lubbers' Geburtstag. Im Solar vom 6. Mai 1988 (Abbildung 7), das beim Sturz des Kabinetts gerade noch Gültigkeit hatte, steht der Mond im 7. Haus: Die Veränderung liegt also im Bereich der Zusammenarbeit oder bezieht sich auf den Koalitionspartner. Auch Neptun steht im 7. Haus in Konjunktion zum Mond. Und Jupiter finden wir wieder im 11. Haus – weit reichende Unterstützung durch seine eigene Partei CDA.

Einige Tage später feierte Lubbers, nun Leiter eines demissionierten Kabinetts, seinen Geburtstag, und sein neues Solar nahm seinen Anfang (Abbildung 8). Der Mond steht (vom 9. Haus aus) am MC und Jupiter in 10. Steht der Mond so dicht am MC, zeigt er im Bereich der Profilierung äußere Veränderungen an. Trotz anfänglicher Abneigung (Lubbers hatte wenig Vertrauen in die PvdA[3]) erhielt er von der Königin den Auftrag, die Möglichkeit einer gemeinsamen Regierung mit der PvdA zu überprüfen, was auch gelang. Die Folge war, dass in Lubbers' Haltung eine enorme Veränderung vorging. Da die Sonne aber im 9. Haus steht, beschäftigte Lubbers sich immer mehr mit Europa (was zu Spannungen mit dem damaligen Außenminister van den Broek führte). Und die Venus in 9 sorgte dafür, dass Lubbers im Ausland immer beliebter wurde.

2 Volkspartij voor Vrijheid en Democratie: Niederländische liberale Partei (Anm. d. Übers.)

3 Partij van de Arbeid: niederländische sozialistische Partei (Anm. d. Übers.)

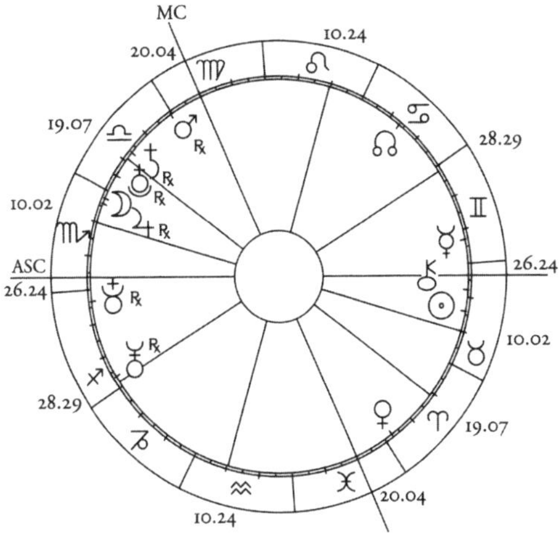

Abb. 6: Ruud Lubbers, Solar 1982, 6. Mai 1982, 8:49 GMT, Den Haag

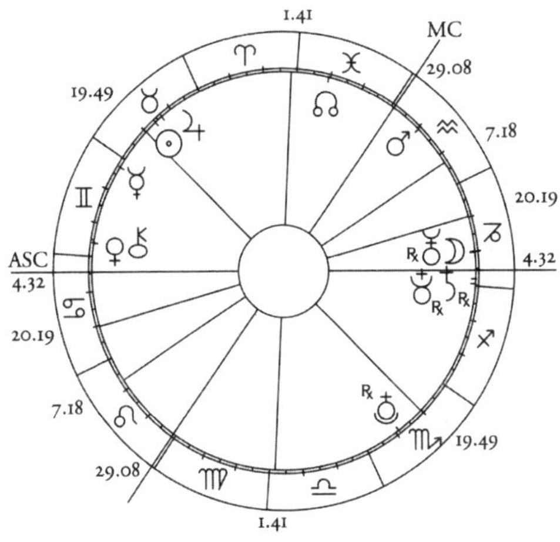

Abb. 7: Ruud Lubbers, Solar 1988, 6. Mai 1988, 6:50 GMT, Den Haag

In Lubbers' Solar für 1993 (Abbildung 9) fällt die Sonne wieder ins 9. Haus. Lubbers wäre gerne ins Europaparlament gewechselt; dem hat die Presse damals sehr viel Aufmerksamkeit gewidmet. Obwohl Lubbers selbst beteuert, dies nie angestrebt zu haben, bestätigt ein belgischer Minister, dass bereits 1989 eine Reihe von Absprachen über eine mögliche Position Lubbers' in der Europäischen Gemeinschaft, möglicherweise sogar als Nachfolger von Delors, getroffen worden seien. Im Solar des betreffenden Jahres (Abbildung 8) steht die Sonne im 9. Haus: Europa. Der Wunsch nach dieser Kandidatur und die Ausrichtung auf das Ausland sind in diesem Solar in jedem Fall implizit vorhanden, das Thema spielte also eine wichtige Rolle. Lubbers hat letztlich keine Position im Europäischen Parlament eingenommen, und daran erkennen wir, dass ein Solar wohl deutlich das Thema anzeigt, aber keine Klarheit über dessen tatsächliche Verwirklichung vermittelt.

Im Solar von Lubbers, das kurz nach den Wahlen im Mai 1994 begann, steht der Mond in 5 – eine Veränderung im Bereich von Autorität. Pluto steht noch im 1. Haus und im Solar für Mai 1995 befindet er sich in 10. (Nochmals: unter der Voraussetzung, dass Lubbers an seinem Geburtstag in Den Haag, Rotterdam oder der näheren Umgebung war.) Wenn er sich tatsächlich in der Umgebung aufhielt, zeigt Pluto an, dass die Veränderung der Position von Lubbers sehr groß gewesen ist, vielleicht größer, als er beabsichtigt hatte. Vom Amt des Ministerpräsidenten plötzlich in den Windschatten zu geraten, ist ein enormer Schritt. Pluto konfrontiert ihn in diesen Jahren möglicherweise auch mit Schmerzpunkten bezüglich seines Auftretens in der Öffentlichkeit (1. und 10. Haus), da er immer wieder europäische Spitzenpositionen anstrebte.

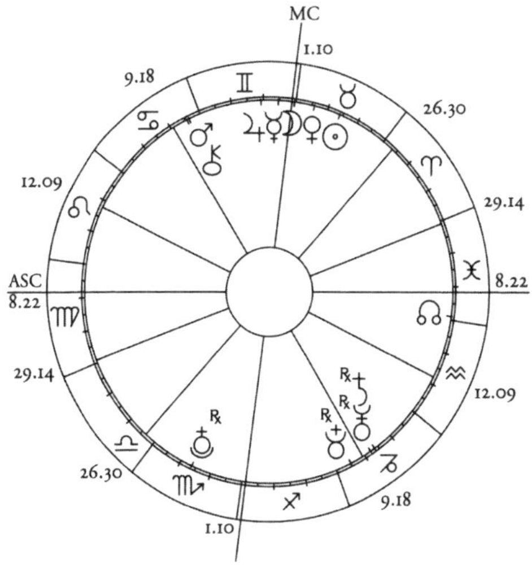

Abb. 8: Ruud Lubbers, Solar 1989, 6. Mai 1989, 12:41 GMT, Den Haag

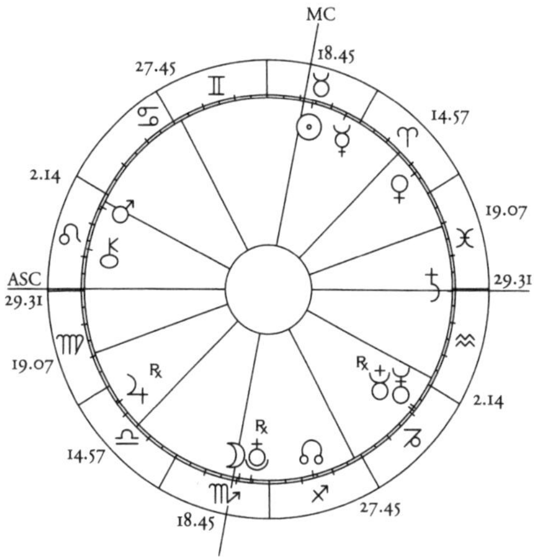

Abb. 9: Ruud Lubbers, Solar 1993, 6. Mai 1993, 11:50 GMT, Den Haag

In Hans van Mierlos[4] Solar von 1993 (Abbildung 10) befindet sich Pluto im 1. Haus. Im folgenden Solar, ab August 1994, steht er im 10. Haus (vorausgesetzt, dass van Mierlo sich um den Zeitpunkt seines Geburtstages in der Nähe der westlichen Niederlande befand). Im Solar von 1993 steht der Mond an der Spitze von 10, was eine Veränderung der Position anzeigen kann und irgendwie auch verdeutlicht, dass sein Image und seine Präsentation einer Veränderung unterworfen ist, was sehr gut mit der Chance auf einen Ministerposten zusammenhängen kann. Und er wurde tatsächlich zum Minister ernannt.

Auch im Solar von Wim Kok, das Ende September 1994 begann (Abbildung 11), steht der Mond in 10. Veränderungen also auch bei ihm, im Bereich von Politik und Meinungsbildung. Die Veränderung fand tatsächlich statt – er wurde zum Ministerpräsidenten ernannt.

Und Brinkman?

Im Solar von 1994 (Abbildung 12) steht der Mond nicht im 10. Haus, also sind im Hinblick auf seine gesellschaftliche Position keine (großen) Veränderungen zu erwarten. Er befindet sich allerdings im 3. Haus (Journalisten!), das eine Verstärkung durch Pluto erfährt, der genau auf der Spitze von 3 platziert ist. Hier erkennen wir plötzlich die Heftigkeit der Konfrontation, die Pluto mit sich bringen kann: Er wurde von den Journalisten regelrecht verfolgt, was äußerst konfrontierend gewesen ist! Pluto hat sich hier tatsächlich als ein Planet gezeigt, der Dinge auf den Plan ruft, bei denen man das Gefühl hat, sie niemals allein bewältigen zu können.

Ich muss hinzufügen, dass auch in Brinkmans Geburtshoroskop die entsprechenden Progressionen auf Probleme hinwiesen – unter anderem ein vorübergehendes Yod. Ich erwähne das deshalb mit Nachdruck, weil ich häufiger die Erfahrung ge-

4 Hans van Mierlo war Vice-Premier und Innenminister

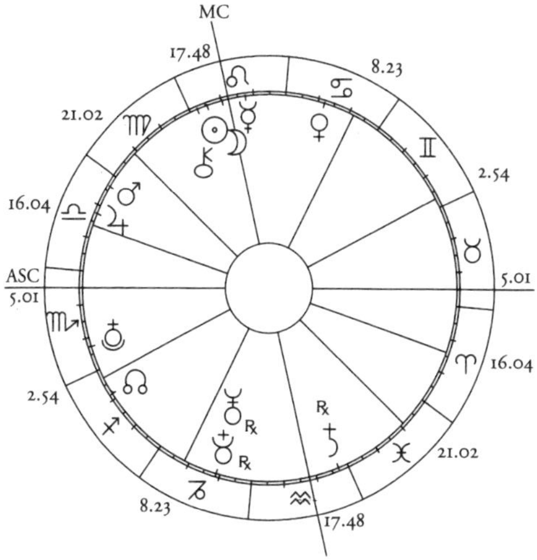

Abb. 10: Hans van Mierlo, Solar 1993, 17. Augist 1993, 20:19 GMT, Den Haag

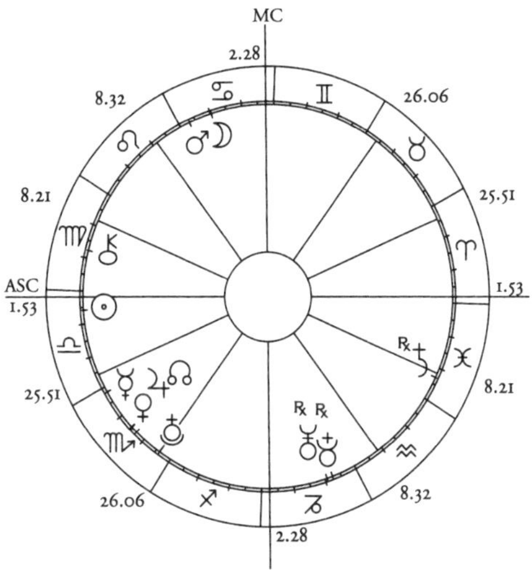

Abb. 11: Wim Kok, Solar 1994, 29. September 1994, 22:28 GMT, Den Haag

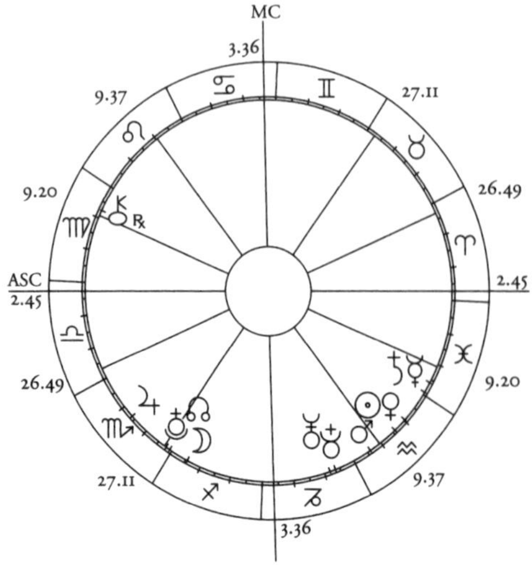

Abb. 12: Elco Brinkman, Solar 1994, 4. Februar 1994, 20:59 GMT, Den Haag

macht habe, dass Pluto sich in einem Haus sehr stark auswirkt, wenn im Geburtshoroskop bereits andere Progressionen (beispielsweise primäre Direktionen oder Transite) auf Konfrontationen oder Schwierigkeiten hinweisen. Hier kann das Solar helfen, die Bereiche, in denen sich das eine oder andere abspielen wird, ein wenig konkreter in Augenschein zu nehmen.

Übrigens stand der Mond in Brinkmans Solar von 1993 im 12. Haus. Dieses Haus hat unter anderem mit Rentenpolitik und Ähnlichem zu tun. Auch Mars befindet sich in diesem Solarhaus. Während dieses Solarjahres sorgte Brinkman mit seinen Aktivitäten und Aussagen zu diesen Themen für eine Menge Aufregung. Für ihn ein Bereich, der in Bewegung war, und da das 12. Haus auch das Haus der heimlichen Feinde ist, ist anzunehmen, dass bereits während seines vorausgegangenen Solars über seine Nachfolge von Lubbers im Hintergrund eine Menge Unruhe herrschte, die sich, wie wir wissen, als »Königsdrama« entpuppte.

Aspekte im Solar

In den vorherigen Kapiteln haben wir bereits eine Grundlage für die Deutung von Solaren geschaffen. Darauf können wir jetzt aufbauen, indem wir uns die Aspekte in einem Solar anschauen. Wir können auf unterschiedliche Weise vorgehen:

1. die Aspekte und Aspektkonstellationen im Solarhoroskop selbst betrachten
2. überprüfen, ob sich im Solar Aspekte aus dem Radix wiederholen
3. Aspekte zwischen Planeten und Punkten im Solar und im Radix ansehen

Wenn man gerade erst mit dem Deuten von Solaren beginnt und noch etwas Übung benötigt, rate ich, sich auf Punkt 1 und 2 zu begrenzen und den 3. Punkt noch außer Acht zu lassen. Später kann man diesen Punkt dann als Ergänzung aufgreifen, aber mit den ersten beiden Punkten besitzt man im Grunde genommen bereits mehr als ein ausreichendes Deutungsgerüst.

Wir werden uns hier auf die Aspekte in einem Solar begrenzen. Das Fehlen von Aspekten zu einem Planeten oder die Konstellation einer Yodfigur werden wir im folgenden Kapitel unter die Lupe nehmen.

Für die Deutung der Solaraspekte sind die folgenden Regeln wichtig:

Besteht ein Hauptaspekt zu MC oder AC?

Angesichts der Tatsache, dass ein Solar für den Ort erstellt wird, an dem man sich bei der Sonnenwiederkehr auch tatsächlich aufhält, sind die Eckpunkte, die dieser Ort durch die Häuserverteilung ergibt, von großer symbolischer Bedeutung: Das sind für dieses Jahr Ihre »Ausgänge« in die Welt. Deshalb wird jeder Planet, der direkt mit einem der beiden Ausgänge verbunden ist, in diesem Jahr Ihren Erfahrungen, Betrachtungsweisen und Ihrem Handeln einen Stempel aufdrücken. Sehr wichtig sind Konjunktionen und Oppositionen zu MC und AC, da die betroffenen Planeten direkt auf der Achse der Eckpunkte stehen. Die anderen Hauptaspekte sind weniger wichtig, obwohl auch sie in den Vordergrund treten.

Man kann die übliche Bedeutung der betreffenden Planeten anwenden und ihnen für dieses Jahr eine nachdrückliche Rolle zuweisen. Obwohl beide, MC und AC, Ausgänge des Horoskops sind, gibt es doch einige Unterschiede. Das MC hat mehr mit unserer Identität zu tun, der Art, in der wir uns gesellschaftlich und im Allgemeinen darstellen, wohingegen der Aszendent sich mehr auf unser Auftreten als Person in einem vertrauteren Kreis richtet. Der Aszendent bezieht sich auch auf unsere Haltung, die wir in einem tatsächlichen Kontakt zu jemandem einnehmen. Am MC bedienen wir uns eher einer Maske als am Aszendenten. Außerdem geht es beim Aszendenten mehr um körperliche Erfahrungen als beim MC. Hierzu einige Beispiel:

Merkurische Ruhelosigkeit

Steht Merkur in einem Solarjahr an einem der Ausgangspunkte, findet sich mit Sicherheit eine (mentale) Unruhe. Man spürt von innen heraus das Bedürfnis, zu lernen, zu lesen und zu schreiben, sich zu entwickeln, Ausflüge zu unternehmen und sehnt sich nach Kontakt und Austausch. Von außen kommen in einem solchen Jahr möglicherweise auch allerlei Vorstellungen und Angebote auf uns zu, die diesem Bereich angehören und uns vielleicht mit einem in uns schlummernden Bedürfnis , das jetzt geweckt wird konfrontieren.

Auch Personen, die eine deutliche »Merkur-Rolle« spielen oder die durch diesen Planeten gefärbt sind, können in diesem Jahr Einfluss auf unser Leben nehmen. Das können Lehrer sein, Kaufleute, Sprachwissenschaftler, Informatik-Spezialisten oder auch ein Auto- oder Fahrradhändler usw. Auch junge Leute spielen möglicherweise eine Rolle. Weitere Bedeutungen finden Sie in dem Kapitel über Planeten in den Häusern. Mit Merkur am MC ist die Wahrscheinlichkeit größer, sich mit seinem Beruf auseinander zu setzen oder auf eine Arbeit vorzubereiten, als das beim Aszendenten der Fall ist. Ich habe einige Male erlebt, dass bei Menschen, für die der Beruf eine Berufung darstellt und gleichzeitig auch Hobby ist, die Platzierung am Aszendenten mit einer gesellschaftlichen Profilierung zusammenhängen kann. In diesem Fall sind beide Ausgänge in ihrer Präsentation eigentlich eins, weil diese Person nicht unabhängig von ihrem Tun im Außen betrachtet werden kann (und sich eventuell auch selbst nicht losgelöst davon sieht). Vieles von dem, was dieser Mensch tut, kommt auch tatsächlich aus seinem Inneren und spielt somit auch im persönlichen Bereich eine Rolle.

Aber wie bereits erwähnt, ist die gesellschaftliche Auswirkung am MC größer als am Aszendenten. In den meisten Fällen ist es so, dass die Dinge, die man im 1. Haus tut, mehr dem eigenen Wohl dienen als dem der Welt.

Uranische Unruhe

Ein anderes Beispiel. Uranus an einem der Eckpunkte bringt garantiert ein turbulentes Jahr mit sich. Die Unruhe von Uranus ist wesentlich größer als die von Merkur und auch bissiger. Man neigt dazu, schneller, heftiger und nicht selten auch schärfer oder kurz angebunden zu reagieren, während man sich unbewusst auch leichter in Situationen begibt, die ad hoc Entscheidungen erfordern und einen Überraschungs- oder Schockeffekt beinhalten können, was übrigens längst nicht immer negativ ausfällt. Sich plötzlich ergebende Chancen und das Gefühl, aufgrund all der schönen Dinge, mit denen man wie aus heiterem Himmel konfrontiert wird, außer Atem zu geraten, gehören ebenfalls zu Uranus.

In den Jahren, in denen Uranus in Konjunktion zu Neptun stand, war dieser Effekt nicht immer sehr deutlich erkennbar. Denn Uranus am MC oder AC bedeutete ja gleichzeitig, dass auch Neptun dort zu finden war. Die Energie von Neptun steht ja in mancherlei Hinsicht konträr zu der von Uranus. Achten Sie daher auf »große« Konjunktionen.

Ich habe erlebt, dass Menschen mit Uranus an einem Eckpunkt eingreifende Entscheidungen getroffen haben, die ihrem Leben eine völlig andere Richtung gaben. Einerseits wurden diese Entscheidungen plötzlich und sehr schnell getroffen, andererseits habe ich auch oft gehört, dass »sie sich irgendwie angekündigt hatten«. Vielleicht brauchen wir einen starken Solar-Uranus, um Knoten zu durchschlagen?

Achten Sie in dem Jahr, in dem Uranus an einem Eckpunkt steht, auf übertriebene Unruhe und Ungeduld. Latente Nervosität und Empfindlichkeit könnten in der Außenwelt für explosive Reaktionen bezüglich ihres Auftretens und Funktionierens sorgen, was die Unruhe insgesamt noch verstärkt.

Natürlich hängt auch vieles vom Geburtshoroskop ab; ist man hier bereits ein aufgeregtes Stehaufmännchen, gerät man bei Uranus an einem Eckpunkt eventuell noch schneller außer Kontrolle, als wenn man von Natur aus die Ruhe selbst ist. Obwohl die innere Unruhe in beiden Fällen eine wichtige Rolle spielt.

Wenn eine ruhige und ausgeglichene Haltung eigentlich über eine lange Zeit eine Maske war, um tiefer liegende Tendenzen in uns zu unterdrücken, können Uranus, Mars oder Pluto an einem Eckpunkt schon mal das Fass zum Überlaufen bringen. Durch die Spannung, die man dann ausstrahlt, und die Tatsache, dass es immer schwieriger wird, geduldig zu bleiben (Uranus), oder aufgrund einer plötzlich spürbaren Wut, die sich nicht leicht unterdrücken lässt (Mars), oder durch irgendeine Art Gefühl, in einer Krise zu stecken (Pluto), drängt vielleicht plötzlich ein Wesensanteil der eigenen, lange verdrängten Natur nach oben.

Handelt es sich allerdings um einen seit langem unterdrückten Wesenszug, ist dieser mit Sicherheit unentwickelt, und man läuft Gefahr, in der Außenwelt nicht gut damit umgehen zu können. Aufgrund dessen gerät man manchmal in völlig anderen Bereichen in schwierige Situationen – wenn »Durchbruchs-Planeten« wie Uranus, Mars oder Pluto im Solar einen Aspekt mit einem Eckpunkt bilden. Sie können den Deckel vom Fass reißen, und wie sich das auswirkt, hängt einfach vom Inhalt des Fasses ab.

Aspekte zwischen Solarplaneten

Ein Diskussionspunkt ist immer noch, ob wir ein Solar mehr »schwarz-weiß« deuten können oder dürfen als ein Geburtshoroskop. Wenn wir so deuten, sind Quadrate und Oppositionen »schlecht«, und Trigone und Sextile »gut«. Bei dieser Sichtweise hängt die Deutung einer Konjunktion von deren Färbung ab und ob die betroffenen Planeten zusammenpassen.

Die psychologische Sichtweise spricht eher von Dynamiken als von gut oder schlecht. Und meine Erfahrung ist, dass man an den Aspekten ablesen kann, ob das eine oder andere mehr oder weniger Energie oder mehr Einsatz erfordert bzw. etwas müheloser zu laufen scheint. Das sagt aber nichts darüber aus, ob man dieses Jahr als gut empfindet oder nicht oder ob man glücklich oder unglücklich sein wird. Bis zum jetzigen Zeitpunkt hat folgende Vorgehensweise sehr gut funktioniert:

Schauen Sie sich die Themen an, die zu dem Planeten gehören, überprüfen Sie die Aspekte, die er bildet, und richten Sie dann Ihr Augenmerk darauf, ob er mehr harmonische Aspekte hat oder ob die Konfliktaspekte überwiegen.

Bei einer deutlichen Überzahl harmonischer Aspekte besteht in diesem Jahr die Tendenz,

- dass Dinge im Zusammenhang mit dem Thema dieses Planeten innerlich etwas leichter oder angenehmer aufgenommen werden können und auch,
- dass Dinge im Zusammenhang mit dem Thema dieses Planeten auch im Außen etwas leichter funktionieren.

Bei einer Überzahl von Konfliktaspekten erkennen wir das Gegenteil:

- Dinge, die zum Thema dieses Planeten gehören, nimmt man etwas schwerer oder kaut länger daran herum, sie werden schneller zum Thema oder Problem, oder man spürt, dass hinsichtlich dieses Themas eine neue Einstellung entwickelt werden muss, oder
- äußere Angelegenheiten, die zum Thema dieses Planeten gehören, verlaufen schwerfällig. Sie erfordern mehr Energie und es ergeben sich eventuell Entwicklungen, die uns unnötige Belastungen aufbürden. Bei heftigen Konflikten im Zusammenhang mit diesem Planeten können Pattsituationen und Uneinigkeit eine Rolle spielen, in positiver Hinsicht aber auch eine eingreifende Kursveränderung, die die blockierte Energie freisetzt, so dass neue Lösungen für die Problematik gefunden werden können. Schauen Sie dann einmal nach, was im vorausgegangenen Solar bezüglich dieses Themas wichtig war und wie das Solar des nächsten Jahres aussieht.
- Wenn eine Blockade, vielleicht sogar unter Zwang, durchbrochen wurde, sieht man das Thema im darauf folgenden Jahr meistens in einem anderen Licht!

Ein Beispiel: Stellen wir uns vor, dass Saturn in unserem Solar viele Konfliktaspekte bildet. Dann steht in diesem Jahr das Thema Rückgrat, Verantwortung, Struktur und Regelmäßigkeit im Vordergrund. Dieses Thema gerät also unter Druck. Wie sieht es mit Ihrer Effizienz und Methodik aus? Ist Ihre Vorgehensweise noch passend? Nehmen Sie sich nicht zu vieles gleichzeitig vor und müssen sie jetzt eventuell dafür büßen? (Manchmal leidet man in so einem Jahr tatsächlich ständig an Rückenschmerzen, schmerzenden Knien oder anderen Gelenkproblemen.) Wie gehen Sie mit Verantwortung um? Welchen Stellenwert hat Verantwortung in Ihrem Leben? Möglicherweise haben Sie dieses Thema vor diesem Zeitpunkt entweder zu schwer oder zu leicht genommen. Dieses Solar weist darauf hin, dass man sich jetzt dieser Haltung bewusst werden muss; denn sie funktioniert nicht mehr auf adäquate Art und Weise.

Verlaufen die inneren Angelegenheiten ziemlich wunschgemäß (was durchaus möglich ist), können allerlei äußere Angelegenheiten, die mit Saturn im Zusammenhang stehen, für Spannungen sorgen. Eine Baugenehmigung in einem Jahr mit einem sehr konfliktreichen Saturn zu beantragen, ruft mehr Widerstand auf den Plan, als wenn der Solar-Saturn harmonischer stehen würde. Saturn ist nun mal der Planet des Bauens, des Betons, der Ziegelsteine und der Bürokratie. Van Mierlos Solar während der Wahlen und der ersten Versuche, ein »lila« Kabinett[5] zu formieren, zeigt einen Saturn, der in Konflikten gefangen ist: Saturn steht in Wassermann in Opposition zur Sonne in Löwe und im Quadrat zu Pluto in Skorpion. Ein T-Quadrat also. Kein einziger harmonischer Aspekt (siehe Solar im letzten Kapitel). Van Mierlo musste sehr hart für sein Ideal eines »lila« Kabinetts kämpfen!

5 Ein aus den Parteien PvdA, VVD, und D66 bestehendes Kabinett, das von 1994 bis 2002 die Regierung in den Niederlanden bildete. (A. d. Übers.)

Wenn van Mierlo sich aber an seinem Geburtstag an einem Ort befand, an einem Ort, den wir nicht kennen, steht uns auch keine Häuserverteilung zur Verfügung. Im letzten Kapitel sind wir von dem Aufenthaltsort Den Haag ausgegangen – oder einem anderen Ort in den Niederlanden, die ja recht klein sind. Hier wäre die Sonne Herrscher von 10 und Pluto Herrscher von 1, was natürlich die Dringlichkeit der Problematik Saturns verschärfen würde.

Aber wo auch immer er sich in der Welt aufgehalten haben mag, das T-Quadrat bleibt Bestandteil seines Solars. Aspekte, die sich zwischen den Planeten bilden, hängen ja nicht vom Aufenthaltsort ab. Mit diesen Aspekten kann man also sehr wohl die Wahlen gewinnen. Aber das Thema »Formgebung« gestaltet sich problematisch (ob es um uns selbst oder ein Ideal geht, spielt hierbei keine gravierende Rolle).

In Brinkmans Solar vom 4. Februar 1994 ist Saturn mit seinen Aspekten zu anderen Planeten auch nicht harmonisch gestellt. Saturn steht in Fische, in Konjunktion mit Merkur – keine wirklich starke Platzierung für beide Planeten –, und beide bilden ein Quadrat zum Solar-Mond. Ein harmonischer Aspekt besteht nur zum MC (Trigon), nicht aber zu anderen Planeten. Saturn steht im 5. Haus, und wir wissen alle, wie sehr Brinkmans Führerschaft in den Monaten nach beiden Wahlen zur Diskussion stand!

Die Konjunktion mit Merkur als Herrscher von 12 und das Quadrat zum Mond als Herrscher von 10 unterstreichen diese Problematik. Wo es bei Hans van Mierlo vor allem um die Sonne und somit um seine Identität ging (und wie sehr hat er sich mit »Lila« identifiziert!), ist das Saturn/Mond-Quadrat bei Brinkman auch in hohem Maße eine emotionale Angelegenheit, vor allem für ihn selbst. Obwohl er das hinter einer deutlichen Distanz zu verbergen suchte, ist den Journalisten nicht entgangen, dass in seiner Stimme auch oft Emotionen mitschwangen, die er lieber für sich behalten hätte.

In Koks Solar vom 29. September 1994 finden wir ebenfalls

einen schwierigen Saturn in Fische im Quinkunx zur Sonne, obwohl auch ein Trigon zu Merkur und zum MC hinzukommt. Saturn steht also nicht völlig unter Spannung. Dieses große Trigon hat ihn bei der Gestaltung des »lila« Kabinetts sehr unterstützt (und steht symbolisch für die äußerst detaillierten Absprachen, die vorab mit der VVD für das Kabinett getroffen wurden), aber mit dem Quinkunx zur Sonne, Herrscher von 12, wurde er möglicherweise hinterrücks mit Kritik und unangenehmen Fragen seiner eigenen Partei konfrontiert.

Besteht ein Aspekt zwischen einem Solar-Planeten und dem Solarplaneten, der im Geburtshoroskop sein Zeichenherrscher ist? Wenn ja, erhält dieser Aspekt eine etwas stärkere Betonung und wird in diesem Jahr wichtiger.

Ein Beispiel: In Lubbers' Geburtshoroskop befindet sich Pluto in Krebs. Der Mond herrscht also über Pluto. In seinem Solar von 1993 stand der Mond in Skorpion in Konjunktion mit Pluto. Wir sehen also im Solar, dass der Radix-Herrscher von Lubbers' Pluto in Konjunktion mit dem Planeten steht, über den dieser herrscht. Das ganze Pluto-Thema erhält nun durch den Aspekt mit seinem Radix-Herrscher eine Betonung. Dass diese Konjunktion auch noch auf dem IC des Solars stattfand, also einem Eckpunkt, betont deren Wichtigkeit. Ein Jahr voller Emotionen, Machtprobleme, Konfrontationen, entweder in seinem Inneren oder im politischen Bereich, oder eben in beiden. Wir wissen inzwischen, wie sehr die Rolle von Lubbers in diesem Jahr kritisiert wurde und wie wenig Raum er seinem Nachfolger Brinkman eingeräumt hatte. Pluto führt gerne einen Coup aus, auch ohne dass dies wirklich zu durchschauen wäre. Bei jemandem, der eine Machtposition innehat und Pluto betont ist, geschieht das leichter als bei jemandem, der über weniger Macht verfügt.

Achten Sie vor allem auf die persönlichen Planeten.

Die langsamen Planeten Saturn, Uranus, Neptun und Pluto haben vor allem mit Zeitbildern zu tun. Beispielsweise findet sich das Quadrat von Pluto und Saturn im Solar von van Mierlo, das wir ebenfalls als Beispiel benutzten. Ein Quadrat, das sich in diesem Jahr im Solar vieler Menschen deutlich bemerkbar gemacht haben dürfte. Aber genau wie im Geburtshoroskop gilt auch hier, dass solch ein kollektiver Aspekt wichtig und für die jeweilige Person besonders spürbar wird, wenn er durch einen Aspekt mit persönlichen Planeten (Sonne bis einschließlich Mars) oder mit AC oder MC als persönlichen Punkten verbunden ist. Das T-Quadrat, das die Sonne mit dem Quadrat zwischen Saturn und Pluto bildet, ist für van Mierlo daher äußerst spürbar gewesen und betraf ihn auch persönlich. Die Aspekte zwischen den persönlichen Planeten und mit den langsam laufenden Planeten zeigen die am deutlichsten greifbare Dynamik auf. Persönliche Planeten lassen sich noch steuern, sind noch auszufeilen und weniger extrem als die langsam laufenden Planeten, die sich in ihrer Auswirkung häufig unserem Blickfeld entziehen und deren Wirkung wir meist erst anhand von Reaktionen der Außenwelt bezüglich unseres Handelns erkennen.

Nehmen Sie für die persönlichen Planeten einfach die übliche Bedeutung, so, wie wir es immer getan haben. Wenn Sie beim Deuten unsicher sind, schlagen Sie in den Aspektbüchern nach, in denen die gängigsten Aspekte zur Deutung eines Geburtshoroskops beschrieben sind. Ändern Sie, was Sie dort als Vorschlag finden, folgendermaßen ab: Wenn von *Charakter und Bedürfnissen* die Rede ist, bedeutet das für ein Solar die *Möglichkeit*, dass in diesem Bereich ein *vorübergehendes Bedürfnis* entsteht. Alle *Reaktionsweisen*, die bei Aspekten in den gängigen Büchern beschrieben werden, werden also zu *vorübergehenden Ausdrucksmöglichkeiten.*

Wichtig für all das oben Beschriebene ist aber folgender Punkt:

Bilden die Planeten, die jetzt im Aspekt zueinander stehen, auch im Geburtshoroskop einen Aspekt?

Wenn ja, wird aufgrund der Tatsache, dass sie jetzt erneut im Kontakt zueinander stehen, diese Facette des Geburtshoroskops ins Rampenlicht rücken. Es ist, als würde einem die Frage gestellt: »Was hast du bis jetzt mit diesem Aspekt angefangen?« Meiner Erfahrung nach ist es weniger wichtig, um welche Art Aspekt es dabei geht. Wenn die beteiligten Planeten im Geburtshoroskop im Quadrat zueinander stehen und im Solar im Sextil, ist die Frage genauso relevant wie bei einem Radix-Sextil und einem Solar-Quadrat. Auch wenn beide, also Radix und Solar, einen Konfliktaspekt oder einen harmonischen Aspekt bilden, stellt sich die Frage, wie man mit diesem Thema umgegangen ist, und man erhält die Möglichkeit, jetzt etwas damit zu tun oder es auf einer tieferen Ebene anzugehen. Erst danach beziehen wir die Art des Aspekts mit ein. Bei Konfliktaspekten erfordern die Möglichkeiten mehr Einsatz als bei harmonischen Aspekten, das sollte deutlich geworden sein.

Wenn nicht, betrachten Sie die allgemeinen Tendenzen dieses Planeten im Geburtshoroskop. Denn auch das wird immer eine Rolle spielen, weil sie mitbestimmend für unseren Charakter und unsere Bedürfnismuster sind. Jemand mit einem Radix-Mond in Fische wird in einem Solarjahr mit Mond in Zwillinge allerdings eher mental ausgerichtet und mehr an Austausch und Informationen interessiert sein. Aber die ursprüngliche Fische-Tendenz des Geburtshoroskops ist damit nicht aufgehoben. Diesen Unterton wird es also immer geben und es ist gut, das im Auge zu behalten. Ein Mond in Wassermann mit einem Solar-Mond in Zwillinge macht deshalb auch anders geartete Erfahrungen mit diesem Mond als ein Mond in Fische mit einem Solar-Mond in Zwillinge. Und zwar einzig und allein deshalb, weil der Radix-Hintergrund der beiden sich an diesem Punkt unterscheidet.

Aspekte zwischen Solarplaneten sind, wie ich bereits erwähnte, nicht abhängig vom Aufenthaltsort der Person und können auch gedeutet werden, wenn der Standpunkt fehlt. Ist einem die Geburtszeit unbekannt, weiß man aber den ungefähren Zeitabschnitt (beispielsweise »morgens« oder »abends«), kann man sich immer noch die Aspekte zwischen den Planeten ansehen, denn die verändern sich kaum. Nur der Mond ist ein Problem, da er zu schnell läuft.

Ähnlich, aber niemals gleich

Man kann sagen, dass die Aspekte eines Tages mehr oder weniger für jeden gelten, bei dem an diesem Tag ein neues Solar beginnt (oft fällt das mit dem Geburtstag zusammen; siehe Kapitel »Theorie und Hintergrund der Sonnenwiederkehr, S. 7) Das würde bedeuten, dass diese Menschen das Gleiche durchleben müssten, abgesehen von den Dingen, die den Mond betreffen. Obwohl das richtig ist, gibt es große individuelle Unterschiede.

An erster Stelle ist die Art, in der die Aspekte in das gesamte Solar eingebettet sind, von großer Bedeutung und damit auch die Platzierung in den Häusern und, nicht zu vergessen, die Häuserverbindungen und die Aspekte zwischen den Planeten als Häuserherrscher.

Die Akzente, die wir dadurch erhalten, dass wir das Solar an bestimmten Punkten mit dem Geburtshoroskop vergleichen, können gravierende Unterschiede ergeben. Die Praxis lehrt, dass diese Unterschiede so groß sind, dass Solaraspekte eine einzigartige persönliche Rolle darin spielen.

Yodfiguren und unaspektierte Planeten

Im vorigen Kapitel haben wir gesehen, wie wir Aspekte zwischen Planeten im Solar deuten müssen. Aber was tun wir, wenn ein Planet überhaupt keine Hauptaspekte bildet, also unaspektiert ist?

Eine weitere Frage, die wir uns stellen können, ist, ob bestimmte Aspektmuster, wie das T-Quadrat, der Drache, das große Quadrat, das große Trigon oder das Yod noch eine besondere Bedeutung haben?

Aspektkonfigurationen spielen tatsächlich eine Rolle, allerdings eher eine geringfügige. Man betrachtet sie besser als Akzentuierung bei der Gesamtdeutung.

Findet sich im Solar beispielsweise ein großes Quadrat, verleiht dies dem gesamten Solar eine gewisse Spannung und Dynamik; im Allgemeinen findet dann mehr Aktion statt oder es gilt, mehr zu bewältigen. Mit einem großen Trigon wird es vermutlich in bestimmten Bereichen leichter laufen. Ich betone aber noch einmal, dass dies keine gravierenden Hinweise sind. Benutzen Sie sie als Verfeinerung, nicht als Hauptaussage.

Es gibt eine Ausnahme: das Yod. Ein Yod im Solar färbt das ganze Geschehen des Jahres. Nicht selten handelt es sich um ein Jahr, in dem ein Wendepunkt markiert ist. Und das auf die typische Art eines Yods – schwierig, ungreifbar und nicht leicht in Worte zu fassen. Ich wage den Versuch, auch hierfür Deutungsanweisungen zu geben.

Das Yod

Eine Yodfigur entsteht durch zwei Planeten, die im Sextil zueinander stehen, die beide wiederum ein Quinkunx zu einem dritten Planeten bilden. Anstelle eines Planeten kann auch das MC oder der Aszendent beteiligt sein. Eine Yodfigur zeichnet sich durch Widersprüchlichkeit und Unsicherheit aus, mit dem Gefühl, ständig auf der Suche zu sein, ohne zu wissen, wonach man eigentlich sucht. Unruhe und die Neigung, Brücken zu schnell hinter sich abzureißen, sind nur einige Auswirkungen. Oder man hat beispielsweise das Gefühl, von niemandem verstanden zu werden, empfindet sich als Außenseiter, verbunden mit der Gefahr von Selbstmitleid. Zum Hintergrund dieser Spannungen verweise ich auf mein Buch »*Die Yodfigur und die unaspektierten Planeten*«. Eine Yodfigur im Solar trägt die gleichen Kennzeichen wie im Radix, trotzdem wirken sie sich auf eine eigene Art und Weise aus. Ein »Yod-Jahr« ist gekennzeichnet von Unruhe, Unsicherheit und dem Gefühl, auf der Suche zu sein. All das spielt sich aber eher unter der Oberfläche ab. Im Äußeren muss nichts Besonderes passieren. Diese Unruhe findet innerlich statt und ist für den Solar-Eigner nicht leicht einzuordnen und zu erklären. Da ist »etwas«, aber man kann schwer benennen, was dieses »Etwas« eigentlich ist.

»Suchen Sie sich das passende Handwerkszeug!«

Ich habe oft erlebt, dass die Yodfigur im Solar mit Problemen zusammenhängt, die schon sehr lange unter der Oberfläche in uns schlummern, vielleicht aber noch nie akut genug waren, um in Angriff genommen zu werden. Oder es geht um Probleme, die mit weit reichenden Familienkonflikten im Zusammenhang stehen, ohne dass uns das bewusst war. Das Yod scheint hier folgende Auswirkung zu haben: »Jetzt zeige ich es Dir, besorg' Dir hierfür das passende ›Handwerkszeug‹!« Das ist schwierig, weil man anfangs keine Vorstellung davon hat, wie man das eine oder andere angehen muss. Und genau das ist der Stil des Yods: Die Probleme sind lange nicht immer durch zielgerichtete Aktivität oder mit einer klaren Haltung anzugehen. Tatsächlich effektiv kann eine Einstellung sein, bei der man die aufkommenden Gefühle und die innere Unruhe einfach akzeptiert. Sehen Sie sich diese Gefühle an, erfahren Sie diese und »spielen Sie damit«. Versuchen Sie, nichts zu erzwingen, weil das in einem Solarjahr meistens wenig Sinn hat. Wenn etwas schief geht, wendet es sich später wieder zum Guten (vielleicht auf völlig andere Weise, als ursprünglich angenommen). Akzeptieren Sie, dass dieses Solarjahr eine Art »Warteschleife« beschreibt.

Die undichte Stelle finden

Neben der Tatsache, dass ein Yod im Solar eine latente Problematik nach oben befördert, hilft es uns dabei, hinter die Ursache der inneren Unruhe zu kommen. Ich habe häufiger erlebt, dass Menschen in einem ungreifbaren und schwierigen Solarjahr zu fühlen, zu erfahren und zu begreifen begannen, was im Verborgenen ihrer Psyche eine Rolle spielte. Und das oft gepaart mit einem Gefühl der Erleichterung, die undichte Stelle gefunden zu haben. Und obwohl dann noch nicht klar ist, wie man damit umgehen soll (und ob das überhaupt möglich ist), bedeutet es mit Sicherheit einen Durchbruch. Das Yod-Jahr ist also sowohl ein Jahr der spürbaren Unruhe und Spannung als auch das Jahr, in dem ein Neuanfang gestartet werden kann. Oft geht das kaum merklich vonstatten und manchmal auch deutlich erkennbar. In dieser Hinsicht wirkt sich ein Yod im Solar also anders aus als im Geburtshoroskop: Der erste Schritt zur Lösung wird hier gleich »mitgeliefert«.

Weitere Erfahrungen mit Yodfiguren im Solar machte ich mit Menschen, deren Leben durch eine Krise oder ein einschneidendes Erlebnis eine Wende erfuhr. Aber erst in den darauf folgenden Jahren stellte sich die so sehr ersehnte Klarheit ein, oder das eine oder andere gelangte wieder unter Kontrolle.

Ein Yod im Solar kann somit äußerst subtil und gleichzeitig sehr eindringlich wirken, ohne dass das Leben völlig Kopf stehen muss. Auf der anderen Seite kann es aber auch unser gesamtes Dasein über den Haufen werfen. Im ersten Fall wird man das Yod-Jahr erst im Nachhinein als ein Jahr der Wende wertschätzen. Im zweiten Fall wird man bereits während des Yod-Jahres, und zwar aufgrund der Aktualität der Ereignisse, mit dem Gedanken an eine wichtige Wende im Leben konfrontiert, selbst wenn man nicht immer in der Lage sein wird, das Positive, das damit verbunden ist, zu erkennen.

Wenn Sie ein Yod im Solar haben, das Sie für eines der kommenden Jahre berechnet haben, werden Sie merken, wie schwierig es ist, herauszufinden, wie sich das Yod auswirken wird. Es scheint so, als gehöre zum Wesen der Yodfigur, ungreifbar zu bleiben.

Verfügbare Energie

Man gelangt allerdings zu mehr Deutlichkeit, wenn man die einzelnen Bestandteile eines Yods genauer in Augenschein nimmt: Welche Planeten und Punkte, wie AC und MC, sind an dem Yod beteiligt? Ihre Art, deren Bedeutung und auch die Häuser, über die diese Planeten herrschen, spielen die Hauptrolle. Bedenken Sie aber, dass sich die Sphäre einer Yodfigur in einem Solar oft über einen größeren Bereich des Horoskops erstreckt. Tatsächlich färbt das Yod das betreffende Jahr und somit auf indirekte Weise das ganze Solar, selbst wenn das nicht ausgeprägt in Erscheinung treten muss.

Das ist leicht nachzuvollziehen: Wenn ein verdrängter psychischer Inhalt zum Durchbruch kommt, erhält er wesentlich mehr Aufmerksamkeit als der Rest der Psyche. Jungianisch ausgedrückt: Er zieht eine Menge Energie auf sich, die für andere Dinge nicht mehr zur Verfügung steht. Beginnt man die Unruhe des Yods zu spüren, wird allein diese Unruhe uns eines Teils unserer Energie berauben, wodurch automatisch andere Lebensbereiche (widergespiegelt im Solar) beeinflusst werden. Ich habe Menschen erlebt, die in einem Yod-Solarjahr bezüglich ihrer Aktivitäten nahezu lahm gelegt waren, glücklicherweise ist das aber eher die Ausnahme. Natürlich gehört das zu den Möglichkeiten eines Yods, ist aber eher ein Extrem, das nicht sehr oft vorkommt.

Erleichterung

Ein weiteres Extrem, das ich bei Yod-Solaren erlebt habe, wirkt beinahe genau gegenteilig: Aufgrund der Erleichterung darüber, dass ein verdrängtes, anfangs nicht erkanntes Problem, plötzlich ans Tageslicht kommt und so besser handhabbar wird, befreit man unbemerkt eine enorme Menge psychischer Energie und wird wesentlich lebendiger. Im Laufe des Yod-Jahres spürt man, dass sich die Motivation zum Leben selbst oder zu speziellen Lebensbereichen steigert, was sich in den meisten Fällen in den Jahren nach einem Yod-Solar auch durchsetzt. Hierzu muss ich bemerken, dass ich dergleichen vor allem bei Personen erlebt habe, die bereit waren, Verdrängtes oder Probleme bei sich selbst anzuschauen, auch wenn ich statistisch gesehen zu wenige Fälle untersuchen konnte, um diesen Eindruck auch »beweisen« zu können.

Der unaspektierte Planet

Ein Planet gilt als unaspektiert, wenn er keine Hauptaspekte zu anderen Planeten innerhalb der Zeichengrenzen bildet. Selbst bei einem Aspekt zum MC oder AC gilt er als unaspektiert, weil er mit keinem anderen psychischen Inhalt verbunden und damit keiner Beeinflussung ausgesetzt ist. Dieser Planet erfährt weder Mitarbeit, Korrektur noch Widerstand. Ein unaspektierter Planet »muss daher alles selbst herausfinden« und fällt dadurch leicht ins Extrem. Im Geburtshoroskop ist eine Alles-oder-Nichts-Haltung oft eines der Kennzeichen unaspektierter Planeten.

Duett

Stehen zwei Planeten im Aspekt zueinander, die aber, jeder für sich, keine weiteren Aspekte zu anderen Planeten bilden, sprechen wir ebenfalls von Unaspektiertheit. Diese beiden Planeten bilden sozusagen einen unaspektierten Aspekt miteinander, und das nennen wir ein Duett. Beide Teilnehmer eines Duetts wirken zwar aufeinander ein, scheinen aber in der Praxis die extremeren Ausdrucksformen zu beinhalten. Für die Deutung unaspektierter Planeten im Geburtshoroskop und für weitere Hintergrundinformationen verweise ich auf Kapitel 5 meines Buches *»Deutung von Aspekten und Aspektfiguren«* und auf mein Buch über die *»Yodfigur und die unaspektierten Planeten«*.

»Was machst du mit meinem Inhalt?«

Auch im Solar können Planeten einzeln stehen oder ein Duett bilden. Auch hier wirken sich die ursprünglichen Kennzeichen eines unaspektierten Planeten aus. Aber ebenso wie bei den Yodfiguren im Solar gibt es auch bei unaspektierten Solarplaneten einen Unterschied zu der Auswirkung in einem Geburtshoroskop. In mancherlei Hinsicht ist das auf die Tatsache zurückzuführen, dass wir es im Solar nur mit dem Zeitabschnitt von einem Jahr zu tun haben, in dem diese Unaspektiertheit zur Wirkung gelangt, während es im Geburtshoroskop um einen Charakterzug geht, oft auch um eine Gabe und ein wichtiges

Instrument, das nicht selten eine Rolle bei wichtigen Hobbys oder im Beruf spielt.

Beim Solar ist das Letztere nicht der Fall. Hier überbringt der unaspektierte Planet für das entsprechende Jahr eine wichtige Botschaft, allerdings tut er das auf konfrontierende Art und Weise. Man hat das Gefühl, keinen Zugriff auf diesen Planeten zu haben, und meistens den Eindruck, dass sich die Dinge, die einem in diesem Jahr in Verbindung mit dem Planeten geschehen, völlig ohne eigenes Verschulden vollziehen. Auf einem tieferen Niveau stellt der unaspektierte Planet allerdings die Frage: »Was fängst du eigentlich mit meinen Inhalten an?« Die Art und Weise, in der er das fragt, sind Konfrontationen mit allerhand Dingen, die »einfach nicht klappen« oder sich jeder Planung entziehen und außer Kontrolle geraten. Und all das im Zusammenhang mit dem Thema des unaspektierten Planeten.

Ist man im täglichen Leben aber bereits einigermaßen mit dem Thema vertraut, bleibt ein Gefühl von Misstrauen und Unzufriedenheit aus. Wir haben auch nicht mehr das Gefühl, nicht mithalten zu können.

Aus dem Spiel bleiben oder außer Atem geraten

Ein Beispiel: Übt man einen künstlerischen Beruf aus und hat vieles mit seiner Kunstfertigkeit und Kreativität angefangen, lässt sich vermuten, dass man dieser Eigenschaft der Venus eine vertraute Rolle im Leben einräumen kann. Erscheint Venus nun in einem Solar als unaspektiert, ist mit Extremen zu rechnen. Man plant beispielsweise eine Ausstellung und alles nur Denkbare geht daneben. Bei einem Anfänger kann so etwas ungeheure Selbstzweifel auslösen. War man allerdings mit Venus bereits erfolgreich und ist sich sicher, dass die geleistete Arbeit Anerkennung finden wird, taucht dieser Selbstzweifel nicht zwangsläufig auf. Höchstens eine Art Irritation, da sehr vieles ungünstig verläuft.

Bei der gleichen unaspektierten Solar-Venus habe ich aber auch das Gegenteil erlebt: Es ergab sich ein Auftrag nach dem nächsten und die Ausstellungen gerieten völlig außer Kontrolle. Auf der einen Ausstellung wurde beispielsweise so viel verkauft, dass der Vertrag mit der nächsten Galerie nicht eingehalten werden konnte, da die restlichen Exponate hierfür nicht mehr ausreichten. Ein anderes Extrem also, das für enormen Druck und Unruhe sorgen kann. Kennzeichen von beiden ist, dass man von innen und/oder außen mit dem konfrontiert wird, worüber man keine Kontrolle hat. Dinge, die nicht zu steuern, zu planen oder zu regeln sind und die sich plötzlich in »unmöglichen« Momenten ergeben. Die Frage lautet dann: Wie sind Sie bis jetzt in Ihrem Leben mit diesem Thema umgegangen und was können Sie anders machen?

In einer Reihe von Fällen fiel mir auf, dass die Folge eines Jahres mit einem unaspektierten Planeten war, dass man über unbewusste Erwartungsmuster Klarheit gewann, sich ihrer also bewusst wurde. Muster, die mit einer verkrampften Einstellung gegenüber dem Inhalt des Planeten einhergingen. Bis zu diesem Solarjahr hatte der oder die Betroffene in vielen Fällen keine Ahnung von diesen Erwartungsmustern und der damit einhergehenden unbewussten Einstellung. Ebenso wie beim Yod kann ein unaspektierter Planet also mit Dingen zusammenhängen, die unter der Oberfläche schlummerten und nun nach oben drängen. Etwas, das man bis dahin nicht einmal als Problem erlebt haben muss, auch wenn unsere Umwelt bereits eine Ahnung davon hatte.

Auch hier erkenne ich oft einen Zusammenhang mit Erfahrungen aus einer früheren Zeit, aus der Jugend oder einem Familienthema. Beim unaspektierten Planeten ist dies allerdings etwas greifbarer als beim Yod. Im ersten Fall haben wir es mit diesem einen speziellen Thema zu tun und (oder) mit der Thematik des Hauses (oder der Häuser), über die dieser Planet herrscht. Auch bei einem Duett ist die Thematik noch gut zu überblicken. Was mir bei unaspektierten Planeten im Solar auffiel, ist, dass man in diesem Jahr, ob man das nun will oder nicht, alles Mögliche in Erfahrung bringt, was uns die Chance gibt, uns mit diesem Thema zu befassen. Das kann ein Buch zu dem entsprechenden Thema sein, das man eventuell zum Geburtstag geschenkt bekommt, oder man wird im Beruf dazu aufgefordert, sich mit diesem Thema zu beschäftigen, oder schockierende Erlebnisse konfrontieren uns mit dem Thema (die oft ungreifbarer Art sind oder von uns selbst nicht zu beeinflussen sind). Doch selbst wenn all das nicht passiert, fühlt man im Inneren einen Sog oder ein Interesse, was dazu führt, das betreffende Thema zu wählen. Das Thema kommt also freiwillig oder unfreiwillig in diesem Jahr an die Reihe.

Aus dem oben Erwähnten wird hoffentlich deutlich, dass dieses Thema sowohl »ganz selbstverständlich« mit unserem täglichen Leben verwoben sein kann (beispielsweise als Arbeitsauftrag) und anfänglich vielleicht kaum im Vordergrund zu stehen scheint wie auch als deutlich separates Problem. Vielleicht auch als neues dynamisches Interesse, das in diesem Jahr einen eigenen Platz beansprucht.

Noch eine letzte Erfahrung im Zusammenhang mit unaspektierten Planeten: Bei einer ganzen Reihe von Fällen ist mir aufgefallen, dass das Haus, in dem der Planet steht, in die Problematik miteinbezogen wird. Normalerweise erfahren wir die Auswirkung vor allem durch den Ausdruck der Bedeutung des Planeten selbst und des Hauses oder der Häuser, über die er herrscht. Achten Sie bei einem unaspektierten Solar-Planeten auch auf das Haus, in dem er steht; manchmal finden wir hier einen Teil des »Kampfplatzes«.

Ein Beispiel

Manchmal hält das Leben über eine Reihe von Jahren unaspektierte Planeten und/oder Yodfiguren in Solaren für uns bereit. Geschieht das über mehrere Jahre hinweg, können große innere

Veränderungen vonstatten gehen, die man allerdings nicht geschenkt bekommt. Ein solches Beispiel werden wir uns nun ansehen.

Es geht um eine Frau, die zum Zeitpunkt der Solaranalysen um die dreißig war, verheiratet und Mutter mehrerer Kinder. Ihr Mann besitzt eine eigene Firma mit dem Büro im gemeinsamen Haus. Sie selber ist nicht berufstätig, springt aber regelmäßig in der Firma ihres Mannes mit ein. Praktisch gesehen entspricht das mindestens einer Teilzeitbeschäftigung, schon allein aufgrund der Unruhe im Haus: Ständig klingelt das Geschäftstelefon, es gibt viele Geschäftsbesuche im Hause, mal ganz abgesehen davon, dass sie außerdem einen Teil der Verwaltungsarbeiten zu erledigen hat. Obwohl sie diese Arbeit ohne Murren übernimmt, fühlt sie sich nicht wohl damit. Ihr Herz sehnt sich nach völlig anderen Dingen, sie hat aber ihre eigenen Bedürfnisse und einen Teil ihres eigenen Lebens für das Geschäft geopfert. »Mein Mann sorgt dafür, dass Geld ins Haus kommt, dafür muss ich ihm all meine Unterstützung geben«, betont sie immer wieder. Diese Einstellung geriet für einige Jahre unter immer größeren Druck, was man an mehreren aufeinander folgenden Solaren sehr gut ablesen kann. Wir werden uns einige davon ansehen.

Zur Wahrung der Privatsphäre habe ich die Geburtsdaten weggelassen.

1988 – Der Anlauf

Im Solar für 1988 finden wir einen unaspektierten Merkur; Mond und Jupiter bilden innerhalb der Zeichengrenzen ein Duett. In diesem Solar ist Merkur Herrscher des 2. Hauses (Zwillinge) und des 6. (Jungfrau), der Mond ist Herrscher von 3 und 4; Jupiter Herrscher von 8. Fünf der zwölf Häuser haben in diesem Solarjahr einen unaspektierten Herrscher.

Wenn wir die oben angeführten Deutungsregeln anwenden, stellt sich für sie in diesem Jahr die Frage: »Was hast du bis jetzt

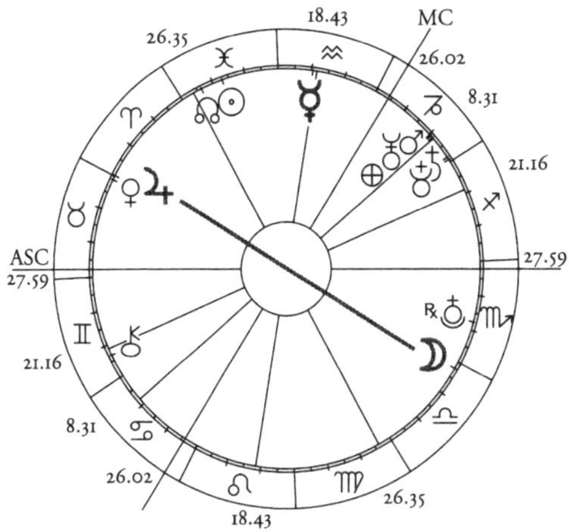

Abb. 13: Solar 1988

mit deinen psychischen Bedürfnissen und der treibenden Kraft in dir, wie sie durch Merkur, Mond und Jupiter widergespiegelt werden, gemacht? Und was willst du eigentlich mit den Häusern 2, 3, 4, 6 und 8?« Das sind für ein Jahr eine ganze Menge Fragen! Wenn zu gleicher Zeit so vieles eine Rolle spielt, strahlt das ganze Solarjahr oft eine große Unruhe aus, was bei dieser Frau auch der Fall war.

Unaspektierter Merkur

Merkur hat mit unserem Bedürfnis nach Kontakt und Austausch zu tun, mit Verbinden und sich anhand des gesprochenen oder geschriebenen Wortes auszudrücken, mit Reden, Lesen und Lernen. Ihm zugeordnet sind auch das Ordnen von Informationen, Verwaltung und ähnliche Dinge. Diese Fragen treten jetzt vielleicht auch aufgrund der Unaspektiertheit von Merkur in den Vordergrund. Die Frau spürte, dass sie immer weniger Lust hatte, Dinge, die im Geschäft schief liefen, auffangen zu müssen. Die administrative Seite, das Telefon, immer wieder zur Haustüre laufen müssen – all das wurde ihr immer mehr zuwider. Aber sie musste weitermachen, denn eine Alternative gab es nicht. Viel lieber hätte sie ihre eigenen Bücher gelesen, etwas gelernt oder vielleicht sogar ein Studium begonnen, aber die Möglichkeiten waren dünn gesät.

Jupiter im Duett

Jupiter hat mit der Erweiterung unseres Horizonts, mit Reisen, Studien, der Bildung einer eigenen Meinung und dem eigenen Urteil, aber auch mit Dingen wie Rechtsprechung, medizinischer Wissenschaft und ähnlichem zu tun. Sie hegte schon sehr lange ein großes Interesse für medizinische Bereiche (vor ihrer Heirat arbeitete sie im Pflegedienst), in die sie sich sehr gerne mehr vertiefen würde. Im Lauf der Jahre hatte sie auch die alternative Heilkunde immer besser kennen gelernt, und sie fände es am schönsten, Schulmedizin und alternative Heilkunde miteinander zu verbinden. Aber dieses Ideal schien in unendlicher Ferne zu liegen: Mit den Kindern und ihrer Tätigkeit im Geschäft ihres Mannes blieb dafür viel zu wenig Zeit. Obendrein war sie wieder einmal schwanger. Zwar ungeplant, aber das Kind war willkommen. Allerdings würde es eine weitere Fessel darstellen, da sie mit diesem Solar das drängende Bedürfnis spürte, ihre Flügel auszubreiten und sich mit ihren eigenen Dingen zu befassen, und das hieß in erster Linie: Lernen und Studieren.

Der Mond im Duett

Der unaspektierte Mond könnte sehr wohl mit dieser neuen und ungeplanten Schwangerschaft zu tun haben. Sie wurde zwar während des vorherigen Solars schwanger, aber das Kind wurde zu Beginn dieses Solars geboren. Jetzt wurde das Thema Mutterschaft, Hegen und Pflegen aktuell und gleichzeitig die Frage: »Was willst du eigentlich damit?«

Sie war sehr glücklich mit dem Kind, und die Schwangerschaft war emotional auch kein Problem für sie, auch wenn sie zum Ausdruck brachte, dass sie sich dadurch gehindert fühlte. Im weiteren Sinn fordert der Mond im Horoskop einer Frau ja auch die Beantwortung der Frage: »Wie erfährst du deine eigene Weiblichkeit? Kannst du dich ihr nähern? Was bedeutet Leben für dich? Wie nährst du nicht nur deine Kinder, sondern auch dich selbst (auch geistig)?« Der Mond hat zudem einen Bezug zu den Themen »Heim und Herd«.

Vor allem für Frauen, die immer in Eile durchs Leben hasten und organisieren, kann ein unaspektierter Mond ein intensives Bedürfnis nach einem wirklich ruhigen häuslichen Leben mit sich bringen. Das Bedürfnis, einfach gemütlich zu Hause sein zu können. Dieses Bedürfnis äußerte sich auch bei dieser Frau, wodurch eine Art Widerspruch zu den beiden anderen Planeten entsteht: Merkur und Jupiter. Diese beiden nähren ihr Bedürfnis nach Ausbildung, Entwicklung und Studium.

Kennzeichnend für dieses Jahr waren also diese Bedürfnisse und das Gefühl, dass deren Erfüllung mehr denn je in der Ferne lag. Sie versuchte, sich tapfer durchzuschlagen, und redete sich selbst ein, dass all das nicht wirklich problematisch wäre, und doch nagte es sehr an ihr. Diese Problematik verschärfte sich noch durch die Häuser, deren Herrscher diese unaspektierten Planeten sind.

Herrscher von 8 (Jupiter)

Wenn der Herrscher des 8. Hauses im Solar unaspektiert ist, spielt die Aufforderung, Verdrängungen ins Auge zu blicken, in diesem Jahr eine wichtige Rolle, ebenso wie die Notwendigkeit, das eine oder andere verarbeiten zu müssen. In vielen Fällen ist mir auch aufgefallen, dass ein unaspektierter Herrscher von Haus 8 (ebenso wie ein unaspektierter Pluto) im Solar zunächst die Problematik, die (meist unbewusst) eine Rolle spielte, auf die Spitze treibt. So als müsste man erst einmal das Gefühl bekommen, total in der Klemme zu sitzen und nicht mehr herauszukommen oder Ähnliches mehr, um dann den Knoten zu durchschlagen. Oft geschieht das Letztere in den darauf folgenden Jahren. Welche Probleme ein unaspektierter Herrscher von 8 an die Oberfläche befördert, ist von vornherein nicht immer zu sagen. Jedenfalls nicht anhand des Solars. Denn es geht hier um eine oder mehrere Einstellungen, die man bereits sehr lange in sich trug und die nun zur Überarbeitung anstehen. Mit anderen Worten: Es sind die vorausgegangenen Jahre (das kann durchaus unser halbes Leben sein!), die maßgeblich für die Themen sind, die ein unaspektierter Herrscher von 8 ans Licht holt. Das macht die Vorhersage mithilfe des Solars nicht immer leicht. Übrigens muss ich hierzu anmerken, dass das Solar sehr gut zur Ergänzung und Konkretisierung der primären und sekundären Progressionen und Transite dient. In diesen Progressionen und Transiten finden wir häufig Hinweise, die uns helfen können, einen Blick dafür zu bekommen, was durch einen unaspektierten Herrscher von 8 nach oben geholt wird.

Die Frau in unserem Beispiel ist von Natur aus eine sehr selbstständige Frau, die jedoch einen großen Teil ihrer Selbstständigkeit der Arbeit ihres Mannes untergeordnet hat. Wie »logisch« sie auch mit der Tatsache umging, dass er ja schließlich das Geld verdiene, ihr Unbewusstes gab sich damit nicht zufrieden. Es ist eine bekannte psychologische Tatsache, wenn bestimmte Gaben, Talente und Charakterzüge, die zu uns gehören, keinen Ausdruck finden, das Unbewusste zu »meutern« beginnt, was in Gefühlen von Unzufriedenheit, Deprimiertheit, schlechten Träumen und Ärger zum Ausdruck kommen kann. Im Kern schien der unaspektierte Herrscher von 8 in diesem Jahr zu fragen: »Welcher Teil des Lebens, das du führst, gehört nun wirklich zu dir, und worin hast du dich bis jetzt geflüchtet?

Warum gibst du einen Teil deiner Selbstständigkeit auf? Kann das tatsächlich nicht anders gelöst werden? Was willst du wirklich? Wovor hast du Angst?«

Diese und ähnliche Fragen spielen ein ganzes Jahr im Hintergrund eine Rolle. Eigentlich waren es die unaspektierten Planeten, die Antwort auf diese Fragen gaben: Sie wollte sich weiterentwickeln und studieren und daneben ein normales und gemütliches Leben führen, ungestört und ruhig.

Herrscher von 4 (Mond)

Der Mond als Herrscher von 4 stellt in diesem Jahr auch »Haus und Herd«, ihre häusliche Umgebung, ihre Familie und möglicherweise ihre Jugenderfahrungen in den Vordergrund. In seiner unaspektierten Form können sich um diese Themen Ereignisse zeigen, die uns belasten, uns einen Strich durch die Rechnung machen oder mit denen wir einfach nicht glücklich sind. Neben der Tatsache, dass diese Frau mehr und mehr mit ihrer eigenen Jugend und Vergangenheit (sicher auch aufgrund des unaspektierten Herrschers von 8) konfrontiert wurde, unternahm ihr Mann in diesem Jahr einen großzügigen Umbau des gemeinsamen Hauses, um es besser fürs Geschäft nutzen zu können. Während sie hochschwanger war, musste sie im wahrsten Sinne des Wortes über den Bauschutt klettern und ihren Weg finden, für ihre anderen Kinder sorgen und den Haushalt am Laufen halten; und natürlich musste sie auch häufig im Geschäft einspringen. Gerade jetzt, wo ihr der unaspektierte Mond und der unaspektierte Herrscher von 4 ein tiefes Bedürfnis nach Ruhe und Geborgenheit im eigenen Heim vermittelten, schien auch das weiter entfernt zu sein als je zuvor. Stattdessen galt es, sich in Staub und Schutt zu behelfen, und das über viele Monate hinweg. Sie schlug sich gut durch diese Zeit und ließ sich nach außen hin nichts anmerken. Aber innen nagte es heftig an ihr.

Der gesamte Umbau geschah zu Gunsten des Geschäfts: Merkur ist in diesem Solar Herrscher des 6. Hauses und zeigt somit ihr Arbeitsumfeld an. In seiner unaspektierten Form war er Auslöser ihres Zweifels, ob sie diese Arbeit überhaupt noch erledigen wolle. Auch auf den Umbau für das Geschäft hätte sie lieber verzichtet, und im Verlauf des Jahres wurde ihr immer deutlicher, dass sie eine Lösung für ihre Arbeit finden musste, denn sie hatte endlich genug davon. Trotzdem gärte es weiter in ihr, dass das Einkommen für die Versorgung der Familie absolute Priorität hatte (Merkur ist auch – unaspektierter – Herrscher von 2).

Diese Sicherheit war ihr sehr wichtig und schon allein der Gedanke an finanzielle Unsicherheit machte sie nervös. Darüber war sie immer wieder erstaunt, da sie sich *eigentlich* nicht viel aus Geld machte, was auch früher noch nie der Fall gewesen war. Deshalb verstand sie diese Reaktionen bei sich selbst nicht. In späteren Solaren findet sich wieder ein unaspektierter Herrscher von 2 und sie kommt der Antwort auf ihr Problem immer näher. In diesem Solar sieht man, dass sie einen Blick für diese Haltung bekommt, die sich immer stärker in ihrem Bewusstsein abzeichnet. Das Thema »konkrete Sicherheit« wurde plötzlich akut, als ihr Mann (den sie immer, ohne es zu merken, als Quelle dieser Sicherheit erfahren hatte) zusammenbrach und kurze Zeit auf der Intensivstation eines Krankenhauses verbringen musste.

An sich gab es mit diesem unaspektierten Herrscher von 2 keine finanziellen Probleme, auch nicht als ihr Mann krank wurde. Er war gut versichert und das Familieneinkommen musste nicht darunter leiden. Wir sehen die Unaspektiertheit hier also deutlich als ein inneres Problem nach außen treten. Sie musste sich mächtig anstrengen, um das Geschäft weiterzuführen und für die Übergangszeit einen Geschäftsführer zu suchen, denn sie hatte im Solar ja auch einen unaspektierten Herrscher von 6.

Herrscher von 3 (Mond)

Der Mond herrscht auch über das 3. Haus. Das bedeutet, dass auch das 3. Haus einen unaspektierten Herrscher hat und dass sich das 3. Haus in der einen oder anderen Weise auf ungreifbare Weise ausdrücken wird. Hier scheint das 3. Haus ihren Drang nach Lernen und Information zu verstärken, einen Drang, dem wir auch beim unaspektierten Merkur schon begegnet sind.

Übrigens habe ich bei einem unaspektierten Herrscher von 3 ebenfalls oft erlebt, dass Probleme mit Nachbarn aufgetreten sind. Im Falle dieser Frau weiß ich allerdings nicht, ob auch das eine Rolle gespielt hat.

Natürlich muss man für die Deutung des Solars das gesamte Horoskop betrachten, aber auffällig war, dass die Themen der unaspektierten Planeten in diesem Solarjahr gleichzeitig dic Hauptthemen waren. In diesem Jahr hat sie keine Knoten durchschlagen, wohl aber wurde die Kluft zwischen dem, was sie innerlich wollte und was sich um sie herum abspielte, innerhalb kurzer Zeit so groß, dass sie das Gefühl bekam, nicht mehr ausweichen zu können. Sie spürte und wusste, dass sie bald etwas an ihrer Situation verändern musste.

1989 – Der Weg durch das Tal

Das Solarjahr 1989 war in fast jeder Hinsicht ein Krisenjahr, ein Jahr, das sie nicht so schnell vergessen wird. Wir erkennen eine Reihe wichtiger Punkte:

Uranus ist unaspektiert und es gibt vier miteinander verbundene Yodfiguren:

- ein Yod zwischen Mond, Saturn und AC
- ein Yod zwischen Mond, Neptun und AC
- ein Yod zwischen Sonne, Saturn und AC
- ein Yod zwischen Sonne, Neptun und AC.

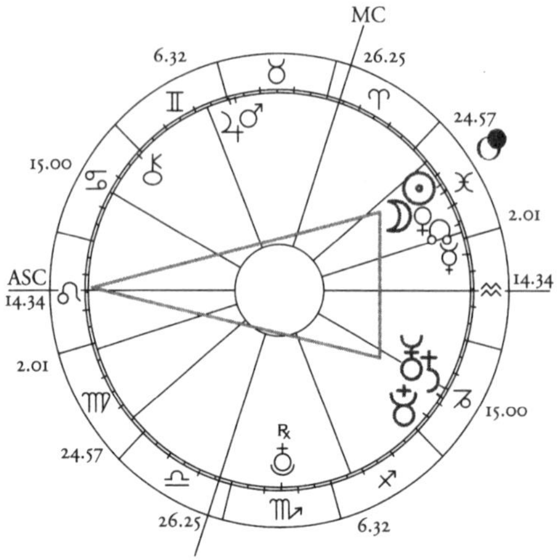

Abb. 14: Solar 1989

Aber bevor wir uns mit diesen Themen beschäftigen, zunächst Folgendes: Dieses Solarjahr wird besonders dadurch betont, dass am Solar-Tag eine Sonnenfinsternis stattfand, die kurz nach Beginn dieses Solars exakt wurde. Es ist sehr wichtig, auf Sonnenfinsternisse zu achten, weil sie immer auf ein für unsere psychische Entwicklung kritisches Jahr hinweisen.

Die Sonnenfinsternis, zudem noch im 8. Solar-Haus, dem Haus der inneren Konfrontation und Verarbeitung, verleiht auch den anderen Themen eine Betonung, wie das bei unaspektierten Planeten und Yodfiguren der Fall ist. Es wurde tatsächlich ein sehr wichtiges Jahr mit folgenden Themen:

Herrscher von 7 (Uranus)

Der unaspektierte Uranus neigt in einem Solar zu plötzlichen Konfrontationen und unerwarteten Erfahrungen, aber auch zu unerwarteten positiven Durchbrüchen, denen man anfänglich ängstlich gegenübersteht.

Uranus kann buchstäblich Stromschnellen mit sich bringen, und häufig erlebt man bei einem unaspektierten Solar-Uranus, dass es eine Menge an Lärmbelästigung gibt (ob dies nun von einem Umbau in der Nachbarschaft, von Flugzeugen oder Zügen herrührt, tut weniger zur Sache; worum es geht, ist, dass in einem so hohen Maße äußere Reize auftauchen, dass man sich überlastet fühlt).

Plötzlich Knoten durchzuschlagen, kann bei diesem Uranus ebenfalls passieren. Hier ist nicht immer die Rede von einer gut durchdachten Entscheidung, obwohl es längst nicht immer eine falsche Entscheidung ist. Allerdings fordert Uranus das Äußerste von uns, wenn es darum geht, alles unter Kontrolle zu halten. Es scheint so, als ob immer wieder etwas Neues auftaucht, mit dem man sich auseinander setzen muss.

In diesem Solarjahr ist auch der Herrscher von 7 unaspektiert, und in dem Jahr, in dem es ihrem Mann allmählich besser ging, wurde der Frau immer stärker bewusst, dass sie sich unter einer Ehe eigentlich etwas ganz anderes vorgestellt hatte. Sie spürte ein drängendes Bedürfnis nach Freiheit (Uranus!) und reagierte nahezu allergisch auf die Scherereien des Alltagslebens einschließlich der Fürsorge für ihren Mann. Es wurde ihr sehr deutlich klar, dass sie nicht länger imstande war, ihre Selbstständigkeit völlig aufzugeben, und dass sie auch ein Recht auf ein eigenes Dasein hatte. Das vermittelte sie ihrem Mann, der das an sich auch positiv aufnahm. Zwar mit einigen Schwierigkeiten, denn ihm war kaum bewusst, in welch hohem Maße seine Frau für das Leben, das sie führten, hatte zurückstecken müssen. Nun wollte er sie in ihrer eigenen Entwicklung unterstützen. Gleichzeitig war er selber nach seinem körperlichen Zusammenbruch psychisch in eine Krise geraten, was es ihm erschwerte, wirklich zu begreifen, worum es seiner Frau tatsächlich ging. Sein guter Wille war mit Sicherheit da, es fehlte ihm aber noch die Fähigkeit, das Ruder ganz zu wenden. Hier bemerken wir die Unaspektiertheit, trotz des positiven Impulses.

Die Frau fühlte sich ebenfalls in einer Krise gefangen und

konnte nur noch unter größter Mühe ihren Verpflichtungen gegenüber Familie und Geschäft nachkommen. Oft war sie wie ferngesteuert und viele Dinge liefen einfach an ihr vorbei. (Das hängt auch mit der Sonnenfinsternis in ihrem 8. Haus zusammen.) Ihre körperliche Abwehrkraft verringerte sich und allerlei gesundheitliche Probleme stellten sich ein, zum Beispiel ein starker Haarausfall. Der Aszendent ist an den Yodfiguren beteiligt, und die Sonne ist Herrscher des 1. Hauses; sowohl der Aszendent als auch der Herrscher von 1 hängen mit körperlichen Reaktionen auf zu starke Reize zusammen.

Sonne und Mond in Yodfiguren

Wenn wir die Yodfiguren unter die Lupe nehmen, sehen wir, dass Sonne und Mond, also die beiden Lichter des Horoskops, einbezogen sind. Das Thema ist männlich-weiblich, was sich sowohl auf ihre Partnerschaft zu ihrem Mann beziehen kann, aber viel mehr noch mit der Frage zusammenhängt, wie sich ihre männlichen und weiblichen Seiten in ihr selbst zueinander verhalten. Mit anderen Worten: In welchem Maß ist man empfänglich bzw. nach außen orientiert? Inwieweit ist man mitfühlend bzw. hat man das Bedürfnis, sich selbst zu beweisen? Diese und ähnliche Fragen könnten auftauchen.

Sonne und Mond in einem Yod können auch das Thema Beziehung stark in den Vordergrund rücken, womit sie den unaspektierten Herrscher von 7 betonen. Im Yod erkennen wir, dass das Problem zwar vorhanden ist, dass es dafür aber in diesem Jahr keine Lösung gibt. Vollständig in Übereinstimmung mit meiner Erfahrung brachte die Frau dieses Thema zur Sprache. Mit all dem, was ihr deutlich wurde, legte sie die Saat für eine Lösung in der Zukunft.

Herrscher von 6 (Saturn)

Am Yod beteiligt ist Saturn der Herrscher von 6. Im vorherigen Solar war der Herrscher von 6 unaspektiert, jetzt steht er in einem Yod. Sie macht ihrem Mann auch deutlich, dass sie für sich selbst eine andere Richtung einschlagen und nicht mehr im Geschäft einspringen will. Auch das versteht er, aber damit allein ist sie noch nicht aus dem Geschäft raus. Doch gibt es eine Öffnung in die Richtung, später ihre Tätigkeit abbauen zu können.

12. Haus

Der Mond ist Herrscher von 12. Sie träumt viel und intensiv und ist auch sehr damit beschäftigt, über ihre ersten Lebensjahre nachzudenken (die gesamte mythische Phase, ungefähr die ersten 8 Lebensjahre befinden sich im 12. Haus). In Gedanken befasst sie sich ebenso mit Themen des 12. Hauses wie Chakren, Homöopathie usw., mit Bereichen, zu denen sie sich stark hingezogen fühlt. Aber mit Neptun und dem Herrscher von 12 in den Yodfiguren fühlt sie sich heimatlos und spürt auch Chaos in sich. Dieses Krisengefühl wird auch durch die Tatsache angezeigt, dass Neptun Herrscher von 8 ist, dem Haus der Verarbeitung von Problemen und Komplexen.

Heimatlosigkeit und Vaterproblematik

Eigentlich könnte man sagen, dass die Sonnenfinsternis im 8. Haus (Sonne/Mond-Konjunktion!) in die Yods einbezogen ist, Yods, bei denen der Herrscher von 8 (Neptun) eine Rolle spielt, ebenso Saturn. Was sich ihr in diesem Solarjahr äußerst stark aufdrängte, war die ihrem Gefühl nach sehr negative Rolle, die ihr Vater gespielt hatte, als sie noch sehr jung war. Er lebte nur für sich selbst und war in keiner Weise eine Stütze für die Kinder. Wenn ihm aufgrund seines eigenen Verhaltens der Boden unter den Füßen zu heiß wurde, zog er einfach um, unabhängig davon, ob seine Familie damit zurechtkam oder nicht. Obwohl der Frau schon länger bewusst war, dass dieses Verhalten ihres Vaters mit zu ihren Problemen in Bezug auf Sicherheit beigetragen hatte, spürte sie jetzt zunehmend ihre Wut.

Das Problem wurde deutlicher und sie wurde zwischen ihrem Bedürfnis, auf Distanz zu gehen (am liebsten wollte sie ihn nur noch so wenig wie möglich sehen) und dem Bedürfnis ihrer Kinder, die verrückt nach ihrem Opa waren, hin- und hergerissen. Ihrem Vater die Türe zu weisen, würde ihr also Probleme mit ihren Kindern einhandeln (also typisch Yod). Die Situation blieb so, wie sie war, aber sie veränderte allmählich ihre Haltung dem Vater gegenüber.

Den Knoten durchschneiden

Yod-Jahre können allerdings den Beginn von etwas Neuem anzeigen, den Beginn von Problemlösungen. Sie schlug plötzlich einen Knoten durch (vielleicht mit angezeigt durch den unaspektierten Uranus) und begann zu studieren. Sie schrieb sich für eine Ausbildung in alternativer Heilkunde ein, mit Schwerpunkt auf Homöopathie und Akupunktur. Wenn wir wissen, dass Homöopathie unter die Verbindung von Saturn und Neptun fällt – diese Form der Heilkunde wurde unter einer Saturn/Neptun-Konjunktion entdeckt – und Akupunktur zu Uranus gehört, erkennen wir, dass sich ihre Entscheidung in den Planeten widerspiegelt, die an den Yodfiguren beteiligt sind: Saturn, Neptun und unaspektierter Uranus!

Das bedeutete noch mehr Druck und Stress und sehr viel an Organisation, um die Kinder an den Unterrichtstagen gut unterzubringen. Obwohl das jüngste Kind gerade erst ein Jahr alt war, wusste die Mutter, dass jetzt oder nie die Zeit war, um mit der Erfüllung ihres Lebens zu beginnen, und das tat sie. Sie hatte zwar keine Vorstellung, ob es ihr gelingen würde, aber das spielte keine Rolle für sie. »Ich werde sehen, wie es läuft«, war ihr Kommentar, und dementsprechend verhielt sie sich.

Nach Jahren erwies sich, dass es trotz aller organisatorischer Probleme die richtige Entscheidung gewesen war, und sie ist überaus froh, diesen Schritt getan zu haben. 1989 war jedoch geprägt von Chaos und Unsicherheit, übertönt von dem starken inneren Drang, Knoten zum Platzen zu bringen (die Yods).

1990

1990 zeigen sich weder unaspektierte Planeten noch Yods. Die Themen der vorangegangenen Jahre spielen weiterhin eine Rolle, aber es zeigen sich keine neuen aktuellen Dinge, so wie in den Jahren zuvor. Ihr Mann erholte sich soweit, dass er seine Aufgaben im Geschäft wieder allein übernehmen konnte.

1991 – Immer noch unterwegs

1991 zeigt das Solar ein Duett zwischen Jupiter und Saturn, respektive den Herrschern des 12. und 1. Hauses (Jupiter) und des 2. Hauses (Saturn). Im Verlauf dieses Solarjahres geht es ihrem Mann wieder schlechter, er hat erneut mit körperlichen und psychischen Problemen zu kämpfen. Und wieder müssen Lösungen fürs Geschäft gefunden werden. Sie hat sich aber bereits größtenteils daraus gelöst, und auch wenn sie in Tuchfühlung bleibt, kann sie viele Dinge anderen überlassen.

Was aber wieder in ihr aufsteigt, ist die Angst vor finanzieller Unsicherheit. »Ich verstehe das nicht«, meint sie, »ich liege nachts wach und habe Angst, dass ich, wenn es mit meinem Mann und dem Geschäft bergab geht, vielleicht mein Haus verliere und ganz von vorne beginnen muss. Und gleichzeitig weiß ich, dass ich nicht davor zurückschrecken würde, Toiletten putzen zu gehen. Ich bin in jeder Hinsicht bereit, die Ärmel hochzukrempeln, um für meine Kinder zu sorgen.« Und was das Letztere betrifft: Genauso ist sie – immer bereit, anzupacken. Sie tut alles dafür, damit es ihren Kindern an nichts fehlt. Da sie auch weiß, dass ihr Mann gut versichert ist, kann sie ihre Angst nicht begreifen. Es geht um das gleiche Thema, das auch im Solar von 1988 derart stark in den Vordergrund rückte, wie in diesem Solar mit einem unaspektierten Herrscher von Haus 2 – materielle Sicherheit.

In diesem Jahr, also 1991, ist auch der Herrscher des 12. Hauses unaspektiert und greift eines der Themen aus dem Jahr 1989 auf: das Yod mit dem Herrscher von 12. Damals spielten Erinnerungen an ihre frühe Kindheit und vor allem das Verhalten ihres Vaters eine Rolle, die 1991 erneut zum Thema werden, das sie intensiv beschäftigt. Aus Angst vor dem, was in finanzieller Hinsicht alles passieren könnte, entscheidet sie sich, für sich selbst mehr Sicherheit zu schaffen. Nach Absprache mit ihrem Mann suchen sie gemeinsam nach einer Form, die ihr und den Kindern – was immer auch geschieht – ausreichende Sicherheit garantiert. Das ist eine harte Nuss (Notar, Rechtsanwalt), aber im folgenden Jahr schafft sie all das.

Mit ihrem Studium läuft alles prima, und es gefällt ihr auch. Aber bei all ihren Problemen muss sie eine Menge Energie investieren, um weiterstudieren zu können. Neue Erkenntnisse brechen sich Bahn und sie hat viele Ideen, die sie gerne umsetzen würde. Aber dazu kommt es nicht. Sie hat zu viel Stress. Der unaspektierte Jupiter ist also voll im Gange – sehr geschäftig –, aber die Umsetzung lässt noch auf sich warten.

Mit dem unaspektierten Saturn denkt sie vor allem über die Rolle ihres Vaters in ihrer Jugend nach. Nicht nur der Herrscher von 12 in seiner unaspektierten Manifestation, auch Saturn selbst wirkt hier mit. Was in diesem Solarjahr vor allem in den Vordergrund tritt, ist der Mangel an Struktur von seiner Seite: keine Klarheit, keine Sicherheit, keine Struktur. Die Frau wird sich mehr und mehr dessen bewusst, dass sie das nicht nur

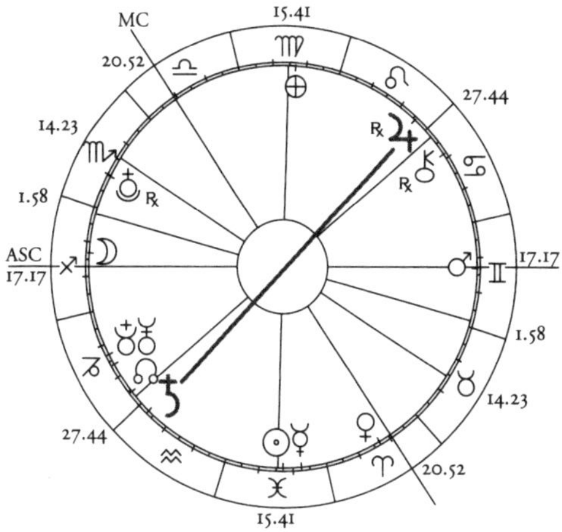

Abb. 15: Solar 1991

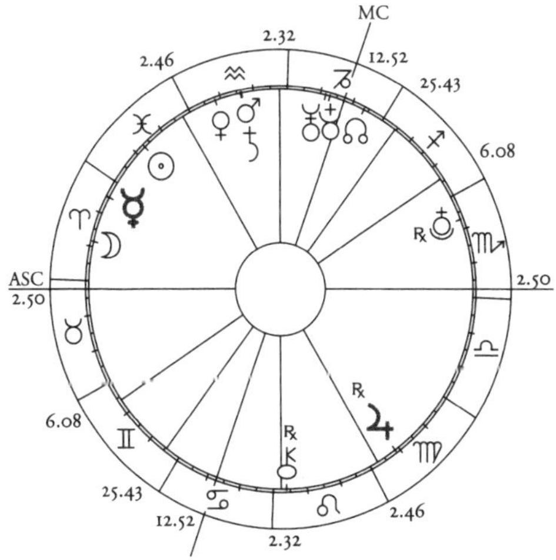

Abb. 16: Solar 1992

vermisst hat, sondern auch, dass sie vielleicht noch immer danach sucht, was eventuell auch eine Rolle bei ihrem Gefühl der Unsicherheit spielt, sowohl in ihr selbst als auch in realer Hinsicht.

1992 – Der Weg nach oben

Wieder ein Jahr mit unaspektierten Planeten, wieder ist es Merkur und wieder ist Merkur Herrscher von 2 und Herrscher von 6, wie im Jahr 1988, und in diesem Jahr auch Herrscher von 3. Der andere unaspektierte Planet ist Jupiter: Herrscher von 8 und 9.

Auffällig ist, dass in diesem Jahr wirklich dicke Knoten durchschlagen werden, die 1988 mit dem gleichen Merkur, der unaspektiert war und über das 2. und 6. Haus herrschte, ihren Anfang nahmen. Also wieder das Thema Sicherheit (2. Haus) und Arbeit (6. Haus) und wieder ist es Merkur (Kontakt, Kommunikation und intellektuelle Entwicklung).

Sie wollte schon seit Jahren umziehen, um nicht mehr mit den Angelegenheiten der Firma belastet zu werden, mit denen sie immer noch zu tun hatte, wenn auch ein Stück weniger als früher. 1992 ist das Jahr, in dem sie dann tatsächlich umziehen. Arbeit und Zuhause sind zum ersten Mal getrennte Bereiche. Der unaspektierte Herrscher von 6 macht ihr nicht mehr so sehr zu schaffen. Sie hat sich an die Unruhe durch die Arbeit und an die Tatsache, dass sie das doch nicht in den Griff bekommt, gewöhnt. Vieles muss jetzt umorganisiert werden, denn sie ist nicht mehr da, um das Telefon zu bedienen oder Kunden die Türe zu öffnen. All das interessiert sie nicht mehr. Am liebsten würde sie selbst arbeiten gehen und ihr Wissen anbringen, das sie sich im Lauf ihres Studiums angeeignet hat. Mit dem unaspektierten Herrscher von 6 realisiert sich das in diesem Jahr aber noch nicht.

Merkur an sich und als unaspektierter Herrscher von 3 und 9

bescheren ihr in Bezug auf ihr Studium ein neues Dilemma. Es ergeben sich Möglichkeiten, ihr Wissen und ihre Erkenntnisse an andere weiterzugeben, was ihr auch sehr gut gefällt. Gleichzeitig spürt sie aber, dass sie in mancherlei Hinsicht mit dem Stoff nicht einverstanden ist, der in ihrem Studium angeboten wird. Zudem werfen die Art des Unterrichtens und Ausarbeitens des Lernstoffs Fragen in ihr auf. Solange sie aber noch Unterricht nimmt und ihr Studium nicht abgeschlossen hat, kann sie wenig daran ändern. »Ich bin nun mal eigenwillig,« meint sie, und »ich werde später das eine oder andere auf meine eigene Art und Weise ausarbeiten.« Der Strom neuer Erkenntnissen und Ideen, der sich im Solar von 1991 erstmalig ankündigte, setzte sich 1992 deutlich fort. Mit Jupiter im Duett 1991 zum unaspektierten Jupiter 1992 geschieht etwas Ähnliches. Unmerklich erweiterten sich ihre Erkenntnisse zu einem großen Ganzen. Und sie selbst konnte viele Zusammenhänge erkennen, vor allem solche, die man sie in ihrem Studium nicht gelehrt hatte.

1993 – Aussicht auf einen Ruhepunkt

1993 zeigt sich ein unaspektierter Mond, Herrscher des 12. Hauses. Während sie in ihren Studien ihre eigene Richtung gefunden hat und auch viel besser weiß, was sie im beruflichen Bereich will, und auch ihr häusliches Leben ruhiger geworden ist, da es jetzt getrennt vom Geschäft ihres Mannes ist, bemerkt sie paradoxerweise, dass jetzt, wo sie nicht mehr weit von dem Punkt entfernt ist, ihren eigenen Weg zu gestalten, eigentlich kein Muss mehr dahinter steht. »Ich begreife erst jetzt, wie wichtig mir meine Familie und meine Ruhe zu Hause sind, ich muss mich nicht mehr unbedingt beweisen«, gibt sie zu verstehen. Der unaspektierte Mond hat sie deutlich nach innen gezogen, ins häusliche Leben. Und als Herrscher von 12 setzte er auch die Tendenz in Gang, das Leben ein wenig lockerer zu sehen. Wahrscheinlich ist das bei den unaspektierten Herrschern des 12. Hauses in den vorausgegangen Solaren auch schon geschehen, nur dass die Auswirkungen nicht so deutlich hervortraten. Jetzt ist das für sie vom Gefühl her spürbar, und es geht ihr gut damit.

Das 12. Haus stellt wieder die frühe Kindheit in den Vordergrund. Jahraus, jahrein spielt dieses Thema nun schon eine Rolle, und jedes Mal kommt sie einen Schritt voran, jedes Mal erkennt sie deutlicher, wie sehr die Unregelmäßigkeiten, die fehlende Struktur und die endlosen Umzüge in ihrer frühen Kindheit sie beeinflusst haben. Jetzt, wo sie endlich Ruhe zu Hause gefunden hat, spürt sie allmählich, dass sie nie wusste, was es bedeutet, ein sicheres Zuhause zu haben.

Der unaspektierte Mond steht in ihrem 2. Haus, und plötzlich erkennt sie messerscharf, dass all ihre Ängste bezüglich materieller Sicherheit in den vergangenen Jahren nichts mit Geld zu tun hatten, sondern mit dem Gefühl, psychisch noch nie festen Boden unter den Füßen gehabt zu haben (ebenfalls das 2. Haus), dessen Ursache in dem Gefühl der Heimatlosigkeit in ihrer Kindheit zu finden ist. Und dass sie in schwierigen Lebenssituationen immer dachte, es ginge um Geld (obwohl sie sich aufgrund ihres sonstigen Charakters keinen Reim darauf machen konnte). Tatsächlich handelte es sich um ein tiefer liegendes Problem, nämlich um das innere Gefühl, einen Platz haben zu dürfen und um das innere Empfinden von Sicherheit. Sie erkannte nun auch, dass sie sich jahrelang für ihren Mann und das Geschäft aufgeopfert hatte, weil doch nur er für Sicherheit (Einkommen) sorgte. Das aus ihrer frühen Kindheit stammende Gefühl von Unsicherheit war also auch die Ursache dafür, dass sie einen Teil ihrer Selbstständigkeit für ein Ziel aufgegeben hatte, um das es im Grunde gar nicht ging. Und dann erkannte sie auch, dass die Entscheidung, die sie in dem Yod-Jahr getroffen hatte – unter allen Umständen zu studieren und zu sehen, wo und ob das Schiff stranden würde –, ein wirklicher erster Schritt war, um aus diesem tief greifenden Problem herauszukommen.

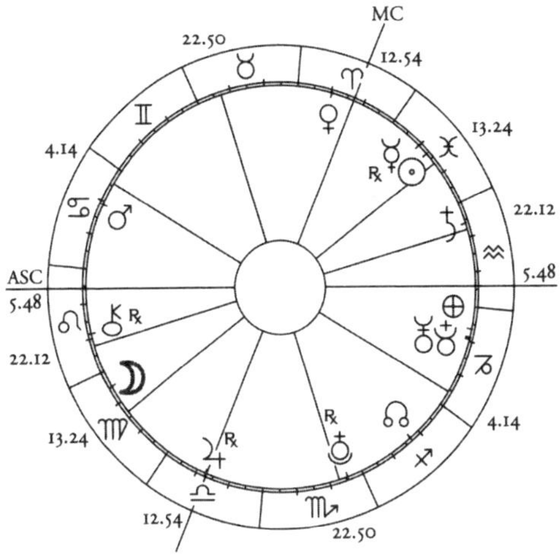

Abbildung 17: Solar 1993

Indem sie diese Erkenntnisse nicht nur verstandesmäßig begriff, sondern auch durch und durch fühlte, gelang es ihr auch, sich von ihrem Vater zu lösen (beachten Sie, dass Saturn in diesem Solarjahr im 8. Haus steht!) und den Schritt zu machen, den sie bereits 1989 hatte wagen wollen. Die Besuche beim Vater hat sie auf ein für sie erträgliches Minimum beschränkt, und sie lässt sich nicht länger aus dem Feld schlagen. Obwohl noch viele Gefühle in ihr arbeiteten, wuchs ihre innere Ruhe und auch die Fähigkeit, besser mit den Dingen zurechtzukommen.

1994 – Ein neuer Ausgangspunkt

Das Solar diesen Jahres enthält wiederum zwei unaspektierte Planeten, ein Duett zwischen Mars und Saturn im 5. Haus. Wieder ergeben sich Konfrontationen, allerdings in einem völlig anderen Bereich. Mars ist Herrscher von 7 und Saturn Herrscher von 4 – fast so, als wollte sich der Mond von 1993 als

Thema fortsetzen: ein unaspektierter Herrscher von 4. Auch jetzt fühlt sie sich sehr stark zu ihrer Familie, zu »Heim und Herd«, hingezogen und ist sehr glücklich damit. Sie saugt die häusliche Ruhe regelrecht in sich hinein, denn die Unruhe ihres alten Hauses kann sie sich immer noch sehr lebhaft ins Gedächtnis rufen, und sie dankt Gott dafür, dass sie umgezogen ist.

Die Mars/Saturn-Konjunktion, in diesem Fall das Duett, steht im 5. Haus, dem Haus, das unter anderem Kinder anzeigt. Eines ihrer Kinder wurde in den ersten Monaten dieses Solars so ernstlich krank, dass tatsächlich Lebensgefahr bestand. Die Mutter, der die Symptome der Krankheit bekannt waren, wachte Tag und Nacht bei ihrem Kind, um sofort eingreifen zu können, falls sich der Zustand verschlimmern sollte. Sie wusste, dass das schnell gehen konnte, und wollte daher keinerlei Risiko eingehen. Sie nickte zwar immer wieder am Bett des Kindes ein, war aber beim kleinsten Geräusch sofort hellwach. Das ging so lange, bis sie nach einem Monat einfach nicht mehr konnte. Sie war erschöpft und spürte ihren Körper nicht mehr. Ihrem Kind ging es mittlerweile etwas besser, sie selbst aber war kaum noch in der Lage, irgendetwas zu tun.

Mars als der Planet, der damit zu tun hat, wie wir mit unserer Energie umgehen, ist hier deutlich mit im Spiel. »Ich bin wirklich an meine Grenzen gekommen«, sagte sie. »Jetzt weiß ich, wo meine Grenzen sind und wie sich das anfühlt.« Grenzen gehören zu Saturn, hier ist es das Zusammenspiel eines Duetts gewesen, das ihr dazu verholfen hat, ihre Grenzen zu spüren. Diese Erfahrung machte sie über ihr Kind: Das 5. Haus, in dem das Duett steht, bot ihr hierfür den »Kampfplatz«.

Aber es passierte noch mehr. Das Intellektuelle geriet etwas in den Hintergrund: Sie studierte zwar noch immer, aber durch die Erfahrung, mit ihrer Energie an Grenzen gestoßen zu sein, konnte sie eine andere Facette ihres Lebens erkennen. Und zwar, wie schön es doch ist, seinen Körper zu erfahren und zu spüren. Gerade dieser Erschöpfungszustand am Krankenbett

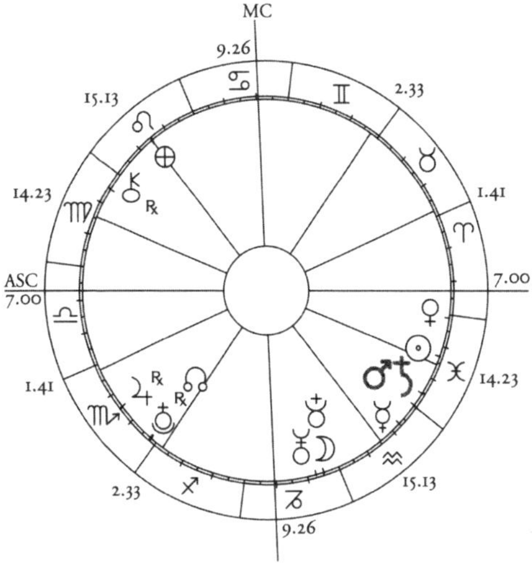

Abbildung 18: Solar 1994

ihres Kindes trug zu dieser Erkenntnis bei. Diese Erkenntnis arbeitete schon längere Zeit in ihr, trat aber erst jetzt als starke Sicherheit in ihr Bewusstsein. »Ich habe mich nie getraut, so zu leben, wie ich wollte. Das wird von jetzt an anders. Nun fange ich an, die Dinge zu tun, die ich auch körperlich gerne machen wollte – und ich werde es genießen – Sport und Reiten«, sagte sie. Das Schöne daran ist, dass auch dies Themen des 5. Hauses sind – des Hauses also, in dem, wie wir wissen, das Duett steht.

Mars ist Herrscher von 7; im Solar von 1989 sind wir schon einmal einem unaspektierten Herrscher von 7 begegnet. Damals ging es beim unaspektierten Herrscher von 7 vor allem um ihr Bedürfnis, ihre Ehe auf eine andere Weise zu gestalten. Diese Form, die sie sich damals wünschte, nimmt jetzt Gestalt an, in dem der Herrscher von 7 wieder unaspektiert ist, aber in einem Duett mit dem »Gestalter« Saturn steht. Das Unaspektierte kommt noch in dem Sinn zum Ausdruck, dass sich zwar einige

Rückschläge ergeben (im Umfeld der Beziehung wie auch mit dem kranken Kind). Die Richtung ist allerdings klar, und beide Partner sind fest entschlossen, etwas daraus zu machen.

Der Grund, warum ich dieses Beispiel so ausführlich an einer Reihe von Jahren dargestellt habe, ist, dass man daran erkennt, dass ein Thema eine gleiche Konfiguration, die bereits Jahre zurückliegt, wieder aufnehmen kann. Das sahen wir bei der Problematik, die mit dem immer wiederkehrenden unaspektierten Herrscher von 2 im Zusammenhang stand, aber auch bei dem zweimaligen Auftreten des Herrschers von 7. Ich habe häufiger erlebt, dass auch hier Verbindungen bestehen und wir es besonders dann, wenn ein Yod oder ein unaspektierter Planet schon früher, also in einem der vorherigen Solare, unaspektiert war oder in einem Yod stand, in dem neuen Fall sehr oft mit einer Fortführung dessen zu tun bekommen, was damals in Gang gesetzt wurde oder was sich damals abgespielt hat. Hierzu ist mir in der Literatur noch nichts begegnet. Deshalb gebe ich gerne die Anregung an Sie weiter, damit zu experimentieren oder zu forschen.

Wie ich schon früher betonte, könnten die oben genannten Solare natürlich wesentlich ausführlicher gedeutet werden und ein eigenes Buch füllen. Mit meinen Analysen wollte ich jedoch vor allem deutlich machen, wie sehr die Themen von Yodfiguren und unaspektierten Planeten Gefühle und Erfahrungen eines Jahres färben können, vor allem, wenn man mehrere Jahre hintereinander damit konfrontiert wird.

Literatur

Bergman, I.: *Het Solaren Werkboek:. Zonneterugkeren.* Amstelveen, 2001.
Bradley, D.A.: *Solar and lunar returns. How they affect you.* St. Paul, MN, 1950
Eshelman, J.A.: *Interpreting Solar Returns.* San Diego, 1985.
Filbey, J.: *Solar and lunar returns.* Wellingborough, 1988
Hamaker-Zondag, K.M.: *Die Yodfigur und die unaspektierten Planten.* Amsterdam, 2001.
Hamaker-Zondag, K.M.: *Deutung von Aspekten und Aspektfiguren.* Amsterdam, 2003
Jonge, T. de: *De solaarhoroscoop.* Een handleiding voor de duiding. Amsterdam, 1988
Klöckler, H. von: *Kursus der Astrologie, Band III: Solarhoroskop.* Freiburg, 1978
March, M. & McEvers: *The only way to...learn about tomorrow.* San Diego, 1988.
Merriman, R.A.: *The Solar Return book of Prediction.* Seek-it Publications, 1977.
Sebottendorf, R. von: *Die Hilfshoroskope.* Leipzig,. 1920
Shea, M.: *Planets in Solar Returns. A yearly guide for transformation and growth.* San Diego, 1993.
Volguine, A.: *De Zonnehoroscoop.* Utrecht, 1985

Standardwerke der Astrologie

KAREN HAMAKER-ZONDAG

Saturn im Transit durch die Häuser

196 Seiten, Broschur

ISBN 3-925100-64-4

In diesem Buch werden die Chancen des Transits von Saturn durch die Häuser analysiert. Wir können lernen, dass dieser Planet uns auf eine besondere und direkte Weise mit unserer Vergangenheit und unserer Zukunft verbindet und somit einen roten Faden durch unser Leben webt. Außergewöhnlich ist dabei die erweiterte Sichtweise der Autorin, dass jedes Haus mit einer Reihe anderer Häuser des Horoskops verbunden ist. Saturn im Transit durch ein Haus bringt meist eine Reaktion im nachfolgenden Haus mit sich. Oft löst er auch eine Reaktion im gegenüberliegenden Haus aus. Daher hat das, was Saturn in einem bestimmten Haus zu Stande bringt, auch Folgen für ganz andere Lebensbereiche. Auch wenn Saturns Gang durch die Häuser oft als schwierig erlebt wird, erweist es sich, dass in diesem Transit ein tieferer Sinn liegt. Wenn Sie dabei zu den richtigen Einsichten gelangen und auf gute Weise an die Dinge herangehen, kann die Belohnung großzügig ausfallen.

Ein interessantes, lehrreiches Buch, das uns zeigt, dass Saturns Lauf durch die Häuser meist zwar als schwierig erfahren wird, seine Aufgabe aber darin liegt, uns mit unserer eigenen Geschichte zu verbinden und uns letztlich dazu verhelfen kann, unsere Schwierigkeiten aufzulösen.
Meridian